Qu'est-ce que la division du travail ?

Pré-textes

Collection animée par
François Dagognet
et Alexis Philonenko

Qu'est-ce que la division du travail ?

Ferguson

par

Jean-Pierre Séris

Professeur à l'Université de Paris I

Paris
Librairie Philosophique J. Vrin
6, Place de la Sorbonne, 75005   1994

© *Librairie Philosophique J. VRIN*, 1994
Printed in France
ISBN 2-7116-1184-1

Introduction

Qu'est-ce que la division du travail ?

La division du travail n'est pas ce que l'on croit. Car s'il ne s'agissait que de répéter : « Le cordonnier ne doit pas porter ses regards plus haut que la chaussure » ou « Chacun son métier, les vaches seront bien gardées », on comprendrait mal qu'elle soit une découverte du XVIIIᵉ siècle (ou du XVIIᵉ siècle, à la rigueur), et que des esprits aussi aigus et avertis que Mandeville ou Ferguson aient pu y voir le plus amer (ou le plus juteux) des paradoxes.

Durkheim commence par ces mots l'introduction de son livre *De la division du travail social* (1893) :

« Quoique la division du travail ne date pas d'hier, c'est seulement à la fin du siècle dernier que les sociétés ont commencé à prendre conscience de cette loi, que, jusque là, elles subissaient presque à leur insu. Sans doute, dès l'antiquité, plusieurs penseurs en aperçurent l'importance ; mais Adam Smith est le premier qui ait essayé d'en faire la théorie. C'est d'ailleurs lui qui créa ce mot, que la science sociale prêta plus tard à la biologie.

« Aujourd'hui, ce phénomène s'est généralisé à un tel point qu'il frappe les yeux de tous ».

Une note rappelle le passage de l'*Ethique à Nicomaque* (E, 1133a16) dans lequel Aristote écrit : « Ce n'est pas deux médecins qui forment une société, mais un médecin, un agriculteur et d'autres ».

Il y a plusieurs raisons, outre son absence complète d'originalité, et de prétention à l'originalité, de prendre cette formule concise de Durkhein pour point de départ.

La mention d'Adam Smith, monté en épingle pour avoir lui-même monté en épingle ou épinglé la division du travail, au début de ses *Recherches sur la nature et les causes de la richesse des nations*[1], est de rigueur. Il passe pour lui avoir donné, outre son nom, sa place dans la théorie de l'économie politique, au principe même de celle-ci, ou comme dit Max Weber[2], « sa célèbre apothéose ». Marx écrivait de son côté[3] : « Adam

---

1. *An Inquiry into the Nature and Causes of the Wealth of Nations* (1776). Nous citerons dans la traduction du marquis Garnier, Paris, 1822. Le chapitre 1 du livre I s'intitule « De la division du travail ».

2. *L'éthique protestante et l'esprit du capitalisme*, traduction française, Plon, 1967, p.215.

3. *Le Capital*, Livre I, chapitre 14, Ed. Sociales, 1948, p. 39.

Smith n'a pas établi une seule proposition nouvelle concernant la division du travail. Mais à cause de l'importance qu'il lui donna, il mérite d'être considéré comme l'économiste qui caractérise le mieux la période manufacturière ». Nous rencontrerons des prédécesseurs et des successeurs d'Adam Smith, et nous nous étonnerons que la division du travail fasse avec lui si tard, si soudainement et si spectaculairement, son apparition officielle.

Durkheim repère la division du travail à la fois comme une « loi » dont on peut faire la « théorie », comme le « phénomène » ou l'ensemble de phénomènes régis par cette loi, et enfin comme un concept scientifique, « mot » et idée fonctionnant dans un discours scientifique (science sociale, biologie).

La division du travail est inscrite par Durkheim dans une *histoire*, encadrée par les deux dates 1776 et 1893, entre lesquelles elle connaît, comme objet théorique, une élaboration dans les sciences sociales et un transfert, une exportation hors de son champ d'origine, lorsque H. Milne-Edwards (1800-1885) propose l'idée de « division physiologique du travail dans l'organisme » (*Leçons d'anatomie et de physiologie*, 1855-1881). Elle connaît peut-être aussi, comme phénomène, une « généralisation », une promotion ou une accession sur le devant de la scène. Histoire

des sciences et histoire sociale – sans parler de
l'histoire des techniques – y sont impliquées. En
outre, on s'en rend compte dès ces premières
lignes, la loi dont il s'agit est une loi d'évolution,
une loi historique. La division du travail est saisie
comme fait caractéristique de l'époque, dont les
contemporains ont le sentiment qu'il fera date. « Il
me paraît hors de doute, écrit par exemple
Lemontey, que la postérité la placera un jour à
côté des grandes causes qui, telles que l'imprimerie et la découverte de l'Amérique, ont
fortement agi sur le cours du monde »[1].

La note, et la mention de l'Antiquité, ouvrent
la dimension d'une *rétrospection* historique, qui
cette fois excède les repères chronologiques
indiqués par Durkheim, non seulement pour le
« phénomène », mais en ce qui concerne même la
reconnaissance de son importance.

Tout cela matérialise assez bien l'espace dans
lequel se situe notre présent propos. Il est d'autres
aspects qu'il essaiera de mettre en relief, et qui
n'apparaissent pas dans ces quelques lignes si
neutres de Durkheim : précisément l'aspect *axiologique* voire *diacritique* ou *polémique* du
concept de division du travail, engagé dans des

---

1. *Œuvres complètes*, 1829 et 1832, tome I, p.195.
La citation est extraite d'un petit ouvrage paru en 1816,
*Raison, Folie. Petit cours de morale mis à la portée des
vieux enfants, suivi des Observateurs de la femme.*

jugements de valeur bipolaires, des appréciations contrastées, exposé à des renversements subtils et étonnants, déstabilisé par les affrontements de normativités contradictoires. Les jugements moraux sont en particulier très fréquents, et les échanges nombreux entre les points de vue économique, moral, technologique.

Nous tenterons de retrouver le cadre problématique dans lequel le concept fait son apparition, et de déceler un certain nombre d'effets discursifs du concept, communs aux textes des économistes, des moralistes, des historiens. Par delà les différences de points de vue, on notera des effets de convergence, d'appui, de confortation réciproque. Une transversalité entre les trois visées morale, économique, historique est patente.

Quels rôles précis, quels services attend-on du concept ? A quels usages se prête-t-il ? Que veut dire « division » dans le vocable « division du travail » ? Et qui divise le travail ? Se divise-t-il lui-même ?

On ne devra pas s'attendre à trouver ici des auteurs qui auraient échappé à la vigilance de Marx, dans la généalogie du concept de division du travail à laquelle il s'est livré lui-même, en allant chercher le concept dans son lieu d'origine. Il n'en est guère qu'il n'ait repérés avant nous. Cependant il nous a semblé que la confrontation était utile, tant la préhistoire du concept est généralement négligée par ceux qui ne remontent pas plus haut que les premières pages du livre d'Adam Smith (et qui ne vont pas plus loin non plus, puisque Marx s'indigne non sans quelque raison qu'on ignore les réserves marquées par Smith lui-même).

* *

La division du travail est-elle un caractère de tout travail, un trait essentiel de la technique humaine, et peut-être même un phénomène de biologie générale ? La découverte de Milne-Edwards (« la division physiologique du travail dans l'organisme ») « a eu pour effet, écrit Durkheim, à la fois d'étendre démesurément le champ d'action de la division du travail et d'en rejeter les origines dans un passé infiniment lointain, puisqu'elle devient presque contemporaine de l'avènement de la vie dans le monde... La division du travail n'apparaît plus que comme une forme particulière de ce processus général, et les sociétés, se conformant à cette loi, semblent céder à un courant qui est né bien avant elles et qui entraîne dans le même sens le monde vivant tout entier ». Mais Durkheim montre aussi que la division du travail social se distingue de la division physiologique du travail « par un caractère essentiel. Dans l'organisme, chaque cellule a son rôle défini, et ne peut en changer. Dans la société, les tâches n'ont jamais

été réparties d'une manière aussi immuable...
A mesure que le travail se divise davantage,
cette souplesse et cette liberté deviennent plus
grandes » (p.319). Ce thème de la division du
travail comme fait d'évolution est central chez
Herbert Spencer [1].

S'il ne se laisse pas abuser par les analogies
très partielles entre la division du travail dans la
société et dans l'organisme, Durkheim n'est-il pas
victime d'une confusion dans le regard rétros-
pectif qu'il porte sur l'Antiquité ? Derrière Adam
Smith, il profile la *koinônia* d'Aristote, dont le
lien est l'association de partenaires adonnés à des
tâches différentes et soumis à la condition de
l'échange.

Platon avait conclu, dans le 2e livre de la
République, de la diversité des besoins et des
tâches à la supériorité des productions des individus spécialisés dans un travail (en vertu de
dispositions naturelles spéciales), ce qui l'amenait
à justifier ainsi la spécialisation : « Il en résulte
dans chaque cas une production plus abondante,
plus belle et plus facile, quand un seul exécute un
seul produit, selon sa nature et au moment voulu,
dispensé de tout le reste » (370c). La spécialisation
génère des virtuoses, des artistes ou artisans qui,

1. Voir par exemple « L'organisme social », dans
Problèmes de morale et de sociologie, traduction française,
1894. L'original est de 1860.

doués d'un talent naturel et concentrant leur activité sur un seul objet, libérés de tout autre souci, font mieux, plus, en moins de temps, à point nommé et comme en se jouant. Le lien de coopération des différents spécialistes est pris pour origine de l'association politique : il suffit, par extension des tâches et multiplication des agents, à constituer la *polis telea* (371e), la Cité achevée.

Aristote conçoit la communauté comme l'union « de deux êtres qui sont incapables d'exister l'un sans l'autre » (*Politique* I, 2, 1252a), et il sait que «des semblables ne font pas une cité ; autre chose armée et cité » (*Politique*, II, 1, 1261 a 24). Mais il ne croit pas que la répartition des tâches et l'association des divers métiers constitue pour autant le lien politique proprement dit. La *polis telea*, pour parler comme Platon, est autre chose. « Pas davantage on ne serait en présence d'un Etat véritable, si des hommes habitaient à l'écart les uns des autres, non pas toutefois assez loin pour n'avoir entre eux aucune relation, mais qu'ils fussent soumis à des lois les empêchant de se causer mutuellement du tort dans leurs transactions ; supposons par exemple l'un d'eux charpentier, l'autre laboureur, un autre cordonnier, un autre enfin exerçant un métier analogue ; leur nombre atteignît-il dix-mille, s'ils n'ont d'autres rapports entre eux que ceux qui résultent d'opérations telles que le troc ou une alliance défensive, ce ne sera pas encore là un Etat » (*Politique*, III, 9, 1280 b). Les techniques spécialisent et séparent, elles sont du domaine de l'intérêt privé et du besoin, donc hors du domaine de la citoyenneté.

Les Grecs n'usent pas de l'expression « division du travail »[1]. Il n'est pas douteux cependant, d'après les exemples qui viennent d'être invoqués, que la division des métiers (distribution et spécialisation), ainsi que la division entre la conception et l'exécution (maître/esclave chez Aristote, par exemple *Politique* I, 2, 1252 a) les a frappés. Ils lui attribuent un rôle essentiel de cohésion sociale, sinon toujours politique. Ils en font une caractéristique anthropologique, un caractère humain naturel, un trait éternel et universel. Quand les sociologues, Comte (*Cours de philosophie positive*, 50e leçon, « Considérations préliminaires sur la statique sociale », Hermann, 1975, tome 2, p.190-196) ou Durkheim (1893, p. 26-27) avanceront l'idée que : « C'est la répartition continue

---

1. Même pas Xénophon (« avec son instinct bourgeois caractéristique »), qui dans un passage célèbre de la *Cyropédie* (VIII, II) sur les cuisines du Grand Roi, ne se contente pas de rapporter un usage perse, mais touche un principe général de la bonne ouvrage, telle que la rend possible la ville et le marché étendu : « Il est nécessaire que celui qui fait l'opération la plus simple soit aussi celui qui s'en acquitte le mieux ». Voir Marx, *Le Capital*, I, 14, p.55).

des différents travaux humains qui constitue principalement la solidarité sociale et qui devient la cause élémentaire de l'étendue et de la complication croissante de l'organisme social » et que : « La division du travail est la source, sinon unique, du moins principale, de la solidarité sociale », ayant « pour fonction d'intégrer le corps social, d'en assurer l'unité », ils ne pourront le faire qu'en formulant l'hypothèse que la division du travail joue « un rôle beaucoup plus important que celui qu'on lui attribue d'ordinaire » (Durkheim, qui continue : « Elle ne servirait pas seulement à doter nos sociétés d'un luxe, enviable peut-être, mais superflu »), et en demandant qu'on la conçoive « dans toute son étendue rationnelle, c'est-à-dire qu'on l'applique à l'ensemble de toutes nos diverses opérations quelconques, au lieu de la borner, comme il est trop ordinaire, à de simples usages matériels ». Autrement dit, par delà les auteurs qui ont mis le concept en circulation dans l'Europe des XVIIᵉ et XVIIIᵉ siècles, et à qui ils l'empruntent, ils lui feront assumer une fonction qu'il n'avait pas chez ces derniers, et croiront retrouver Aristote. Mais contrairement à Schumpeter, qui fait lui aussi remonter l'idée de division du travail à Platon et Aristote (*Histoire de l'analyse économique*), tout incite à penser que le travail comme positivité unitaire n'existe pas au temps de la réflexion grecque sur les métiers [1].

L'expression « division du travail » à partir du XVIIIe siècle, en effet, relève d'une tout autre perspective. Les auteurs anglais (et écossais) qui ont mis le concept à la mode, qui ont assuré sa fortune rapide et spectaculaire, avaient des prédécesseurs plus discrets qui l'avaient mis sur le marché d'une façon plus clandestine, et qui avaient tout autre chose en tête qu'expliquer la cohésion de la société ou de trouver un principe de « statique sociale ». Les questions qui les intéressent : Comment vendre plus et moins cher ? Comment produire plus que les concurrents, et à moindres frais ? se laissent ramener à la question : Comment s'enrichir ? La réponse à ces questions, c'est : « en divisant le travail » (plus que les concurrents, plus que présentement...).

De ce fait, le phénomène qu'ils observent comme déterminant, en ses effets, n'est pas tant une constante anthropologique qu'un levier ou un opérateur. La division du travail n'est pas seulement un fait acquis, sanctionné et illustré par l'existence traditionnelle des métiers et leur distinction faite une fois pour toutes parce que

1. Voir J. P. Vernant, *Mythe et pensée chez les Grecs*, 1965, P. Vidal-Naquet, *Economies et Sociétés en Grèce ancienne*, 1972, et D. Deleule, *Hume et la naissance du libéralisme économique*, 1979.

fondée en nature ; c'est un instrument économique à la disposition des entrepreneurs, visiblement pressenti par les plus avisés *ici* (au Royaume Uni) et *maintenant,* de jour en jour plus manifeste et plus délibérément mis en œuvre. La division *manufacturière* est au premier plan, la division *sociale* des métiers, de l'industrie et de l'agriculture, de la ville et de la campagne, n'intervenant qu'en guise de parabole ou de réminiscence.

Il faut remonter à des textes très pécoces de la littérature mercantiliste (le XVIIe siècle), aux balbutiements de l'économie politique, où l'on observe un mélange de morale et de calcul à la saveur toute britannique. Marx les a pour la plupart défrichés. Nous lui devons beaucoup, ainsi qu'à P. Carrive, qui, dans *La philosophie des passions chez Bernard Mandeville* [1], établit que Mandeville est le premier à employer l'expression que l'usage devait consacrer, et lui cherche des inspirateurs possibles.

Mentionnons d'abord Thomas Mun (1571-1641), un des plus riches négociants de son temps, auteur d'un *Discourse of Trade from England unto the East Indies* (1621), et surtout de *England's Treasure by Forraign Trade, or the Ballance of our Forraign Trade is the Rule of our*

---

1. Didier, Paris, 1983. Voir tout particulièrement tome I, p. 481-503.

Treasure, écrit vers 1630, publié par son fils en 1644, réédité six fois jusqu'en 1755, et publié de nouveau par *The Economic Society*, Oxford, 1928. Marx le cite dans *Le Capital* (I, ch. 16, tome 2, p.187 et Pléiade, tome 1, p.1006) et dans sa contribution à l'*Anti-Dühring* de Engels (Pléiade, tome 1, p.1499). Smith le citait également au Livre IV, chapitre 1, de la *Richesse des nations*. On peut lire chez Mun (chapitre 19, 1928, p.73) : « Quand les travaux sont divisés dans la diversité d'emplois que j'ai dits, (...) ». (*Labours*, au pluriel).

C'est ensuite sir William Petty (1623-1687), qu'on cite fréquemment comme promoteur du concept, sinon comme inventeur de l'expression. Economiste, statisticien, médecin, Fellow de la Royal Society, et constructeur de navires[1]. Il perfectionna les techniques du tissage dans les ateliers de son père, drapier. On voit en lui le « fondateur » de l'économie politique. On peut consulter *The Economic Writings* (Edition Charles H. Hull, 2 volumes, Cambridge, 1899).

Dans *Political Arithmetic, or a Discourse concerning the Extent and Value of Lands, People, Buildings etc.* commencé vers 1671 et achevé en 1677, édité par son fils en 1690, il

---

1. Il conçut et construisit un catamaran à double quille, très rapide, défiant vents et marées, dont il reste un exemplaire en Angleterre.

définit ainsi la méthode nouvelle qui donne son titre à l'ouvrage : « Au lieu d'user seulement de mots, de comparatifs et de superlatifs, d'arguments intellectuels, je me suis astreint – en un specimen de cette Arithmétique Politique que je me suis depuis longtemps fixée comme objectif – à m'exprimer en termes de nombre, de poids et de mesure ; à user seulement d'arguments sensibles, et à n'admettre à titre de causes que celles qui ont une base visible dans la nature » (Préface). Le premier chapitre donne en exemple la construction des bateaux en Hollande, comparée à la fabrication du drap : « Le drap doit revenir moins cher quand une personne carde la laine, une autre file, une autre tisse, une autre étire, une autre apprête, une autre calandre et emballe, que lorsque toutes les opérations mentionnées sont maladroitement exécutées par la même main »[1]. A propos de l'industrie textile, envisagée dans le détail des opérations successives et la distribution technologique des tâches, c'est bien le principe de la division du travail qui est affirmé comme principe d'économie.

Dans *Another Essay in Political Arithmetick, concerning the Growth of the City of London, with the measures, periods, causes and consequences thereof,* rédigé en 1682, publié en 1683, on peut lire : « Le profit obtenu des manufactures

1. Tome I, p.260.

sera supérieur, à mesure de la grandeur et de la disposition de la manufacture elle-même. Car dans une cité aussi vaste, les manufactures se multiplieront, et chacune sera divisée en autant de parties que possible, ce qui rend le travail (*work*) de chaque artisan simple et aisé. Par exemple, dans la construction d'une montre, si un homme fabrique les rouages, un autre le ressort, un autre grave le cadran, et un autre réalise les boitiers, alors la montre sera mieux faite et moins chère que si la totalité de l'ouvrage (*work*) incombait à un seul et même ouvrier » [1].

On voit que sir William Petty parle de «manufactures divisées», où le travail (*work*) de chaque artisan est simple et facile. Les industries convoquées pour en faire la preuve sont celles où les progrès technologiques sont les plus récents, l'horlogerie et le textile, les industries les plus performantes, celles aussi dont les produits sont destinés au grand commerce. Marx, qui admire Petty [2], et le loue d'avoir, comme les autres prédécesseurs d'Adam Smith, « pénétré mieux que lui le caractère capitaliste de la division manufacturière du travail », fait allusion à cette

---

1. Tome II, p.473.
2. Voir en particulier *Critique de l'économie politique*, 1e Section, chapitre 1, A, note. Marx parle de « l'admirable sir William Petty » (*Œuvres*, Pléiade, tome 1, p.305).

description des divisions de l'industrie horlogère (*Le Capital*, I, chapitre 14, III).

J'en viens à celui que Marx appelle « l'auteur anonyme des *Advantages of the East-India Trade* ». Il n'a pas échappé à la perspicacité de Paulette Carrive que Marx commet ici une inexactitude dans le titre : l'anonyme du recueil utilisé par Marx [1] s'intitule : *Considerations on the East-India Trade*. Mais surtout, elle a découvert le nom de l'auteur. C'est Henry Martin, ou Martyn (mort en 1721). L'écrit mentionné est de 1701. Martyn, auteur aussi de *The British Merchant*, est cité et mentionné par Toland dans *State Anatomy*, p.43, et par McCulloch dans *Litterature of political Economy*, Londres, 1845, pp.99-103. Essayiste et juriste, collaborateur du *Spectator* et de *State Economy*, inspecteur général des importations et exportations, Martyn est probablement le rédacteur du numéro du *Spectator* daté du 26 novembre 1711, qui se réfère à « l'admirable sir William Petty » [2].

Que dit Martyn, dans ses *Considerations* de 1701 (dont Marx traduit des extraits dans *Le Capital*, mais sous le titre *Advantages, 1720*) ? Il

---

1. *A Select Collection of Early English Tracts on Commerce*, ed. by J. R. McCulloch, 1856, p.541 et suivantes. (C'est la bête noire de Marx, « le sycophante McCulloch », « le lamentable McCulloch », « virtuose du crétinisme prétentieux »).
2. Voir Marx, note 2 p.19 ci-dessus.

s'inspire de Petty, dont il se recommande dans sa Préface. Mais il a une perspective originale. Il établit en effet que l'importation en Grande Bretagne de produits manufacturés à bas prix dans les colonies des Indes Orientales (les célèbres « indiennes ») doit avoir des conséquences économiques avantageuses. La concurrence ainsi faite à l'industrie textile anglaise obligera les manufactures les moins performantes à licencier leurs ouvriers, et élèvera la compétitivité des entreprises survivantes, en induisant l'invention de procédés et surtout en généralisant l'emploi de machines. La mécanisation des fabrications autorisera l'embauche de la main d'œuvre sans qualification laissée sur le carreau par les faillites de manufactures obsolètes. L'effet positif de la concurrence des produits venus des Indes consiste à obliger les industriels à économiser, épargner le travail (*labour*, au sens de dépense de temps et d'énergie de la part de l'ouvrier, et de frais salariaux de l'entrepreneur).

« Si le commerce des Indes Orientales est cause que l'on produit autant à moindre coût, avec moins de travail, il peut, sans diminution d'aucun salaire individuel, abaisser les frais des manufactures »[1]. De deux façons, qu'on pourrait au risque d'anachronisme appeler l'invention et

---

1. Je commente les pages 589-590 des *Considerations on the East-India trade*, édition McCulloch, 1856.

l'innovation technique, d'une part, et l'innovation technologique d'autre part. Martyn montre d'abord que l'amélioration des procédés des arts, l'invention d'engins et l'emploi de « moulins » (c'est-à-dire de la force motrice de l'eau et du vent, la vapeur viendra bientôt) sont autant de moyens d'épargner le travail manuel, de réduire la main d'œuvre et d'abaisser son coût (*save the labour of hands*). La nécessité et l'émulation obligent les retardataires à se régler sur les performances des plus avancés, et même rendent provisoire tout avantage acquis. Deuxième résultat prévisible, l'introduction dans la manufacture de l'ordre et de la régularité : l'organisation plus rationnelle du travail dans la fabrique, progrès que nous nommons « technologique » et point seulement technique, pour marquer qu'il relève de la régularisation des méthodes productives par le management de la fabrication et l'encadrement des hommes. « Le commerce des Indes Orientales aura certainement pour effet d'introduire plus d'ouvriers, plus d'ordre et plus de régularité dans nos manufactures ; il doit sonner le glas de celles qui sont devenues inutiles et déficitaires ; les ouvriers de ces dernières se transporteront ailleurs, dans des fabriques où le travail est plus facile et aisé, ou dans les départements de manufactures plus subdivisées ; car un travail facile et aisé est plus vite appris, et les hommes y atteignent

plus vite une habileté parfaite et expéditive (...).
Plus grande est la variété des artistes dans chaque
manufacture, moins il est laissé à l'adresse
singulière de chacun ; plus il y a d'ordre et de
régularité dans chaque ouvrage, moins il faut de
temps pour l'accomplir, moins il y faut de travail
(*the labour must be less*), et moins le prix de celui-
ci est élevé, les salaires demeurant identiques ».

Suit une apologie de l'analyse et de la distribution des tâches, par comparaison des performances manufacturières. Dans les trois secteurs
sensibles du textile, de l'horlogerie et de la
construction navale, le même principe se vérifie :
« Plus une manufacture qui comporte beaucoup de
variété est distribuée et confiée à différents
artisans, mieux et plus rapidement la même tâche
est exécutée, avec moins de perte de temps et de
travail ». Le tissage est le premier exemple :
« Une pièce de drap est l'œuvre de nombreux
ouvriers : l'un carde et file, un autre dresse le
métier, un autre tisse, un autre teint, un autre
apprête le tissu... Le tisserand est nécessairement
plus adroit et expéditif, si le tissage est son emploi
constant et son seul office... ». La montre est le
second. « Si la demande de montres s'accroît suf-
fisamment pour que l'on trouve à employer
constamment autant de personnes qu'il y a de
parties dans une montre, si à chacune est assigné
son travail propre et constant, si l'un n'a rien

d'autre à faire que des boîtiers, l'autre des roues, l'autre des aiguilles, l'autre des écrous, et ainsi de suite ; et si pour finir, un dernier n'a pour emploi unique et constant que d'assembler ces diverses parties, cet homme est nécessairement plus adroit et expéditif dans cette opération qu'il ne saurait l'être s'il devait aussi s'adonner à la fabrication de ces parties ». Le navire est le troisième exemple. « Mais de tout ce que le travail de l'homme peut accomplir, il n'est peut-être aucun ouvrage qui présente autant de variété qu'un navire ; la construction de la quille, des membres, des couples, des barrots, des haubans, des mâts, la fabrication des voiles et d'autres parties par milliers, jointe à l'assemblage de ces différentes parties, demandent autant de variétés d'adresse. En outre, autant les dimensions et les formes de navires sont diverses, autant l'est l'adresse requise dans la manufacture de leurs éléments et dans leur assemblage... ».

Une influence extérieure en quelque sorte fortuite (la concurrence des Indes) vient ici au secours de la modernisation et du progrès. Martyn saisit au vol cette occasion pour installer l'industrie de son pays dans la voie du progrès indéfini, de l'augmentation de la productivité. La « variété des manufactures », leur « régularité » et leur « ordre » sont les noms sous lesquels Martyn appréhende la division du travail, liée dans son esprit à l'introduction des machines et à l'usage des forces motrices naturelles, maître mot de la compétitivité de l'industrie anglaise. C'est une stratégie industrielle et commerciale efficace et éprouvée en situation de concurrence. Plus du tout comme chez les anciens une constante du travail humain, mais un trait qui singularise la production la plus moderne, la plus technique (voyez les exemples canoniques), la plus « anglaise », en sa forme manufacturière, telle qu'elle correspond aux exigences économiques du rendement des fonds investis. Le travail (*labour*) n'est en cause que sous l'angle du salaire (salaire égal pour l'ouvrier, coût inférieur de la main d'œuvre pour le patron). Il s'agit bien d'« arithmétique politique »[1].

Mun, Petty et Martyn indiquent bien le lieu de naissance de la division du travail. Le concept, lent à acquérir son appellation définitive, affleure dans la théorie mercantiliste des richesses, à propos de l'économie manufacturière. A la différence de leurs successeurs, et de Smith le premier, qui « considèrent la division du travail en général du point de vue de la division manufacturière »[2], ils voient encore justement dans le phénomène un caractère historique et « capitaliste » de la production.

1. Voir la définition qu'en donne ci-dessus W. Petty.
2. Marx, *Le Capital*, I, chapitre 14, V, p.54.

Ne quittons pas le XVIIe siècle sans mentionner un autre versant de la pensée anglaise. Le prédicateur Richard Baxter (1615-1691) se situe dans une perspective plus franchemant religieuse. Citons deux titres : *The Saint's Everlasting Rest, or a Treatise on the Blessed State of the Saints in their Enjoyment of God in Heaven*, Londres, 1650, et *A Christian Directory, or a Sum of Practical Theology and Cases of Conscience*, Londres, 1677. « Il s'agit, dans la perspective puritaine d'une éthique de la besogne, de reconnaître le but providentiel de la division du travail ; comme l'écrit Max Weber : « Baxter se répand à ce sujet en développements qui, plus d'une fois, ne sont pas sans rappeler directement la célèbre apothéose de la division du travail chez Adam Smith » (*L'éthique protestante et l'esprit du capitalisme*, p.215) » [1].

Max Weber montre bien, à son propos, le cheminement des idées : « Parce qu'elle rend possible le développement de l'habileté (*skill*), la spécialisation des occupations conduit à un accroissement quantitatif et qualitatif de la production, et sert ainsi le bien général (*common best*), identique au bien du plus grand nombre. Conformément au schéma puritain d'interprétation pragmatique, c'est aux *fruits* qu'elle porte qu'on reconnaît le but providentiel de la division du travail. Dans cette mesure, la motivation est purement utilitaire,

1. P. Carrive, 1983, p.486, note.

étroitement apparentée aux points de vue courants d'une partie de la littérature laïque de l'époque. Mais sans en dériver historiquement » (p.215). On retrouve là, en effet, une idée authentiquement calviniste. On reconnaît la volonté de Dieu dans le monde économique à ce que l'utilité qui y triomphe est l'« utilité impersonnelle » du bien général (*good of the many*). Il faut rappeler ici le grand principe de Baxter, le grand principe puritain que *gaspiller son temps* est le plus grave de tous les péchés. On ne soutient pas encore comme le fera Franklin, que le temps c'est de l'argent, mais au spirituel, pareille sentence est tenue pour vraie, remarque Max Weber (p.208). Smith et Dugald-Stewart insisteront sur l'« économie de temps » que permet la division du travail, et Gœthe (*Wanderjahre*) mesure le degré de développement du capitalisme au fait que les pendules sonnent les quarts d'heures.

Enfin, Baxter écrit : « Hors d'une profession fermement assurée, un homme ne saurait mener sa tâche à bonne fin ; son ouvrage sera inconstant, irrégulier, et il passera plus de temps à paresser qu'à besogner… C'est pourquoi une profession fixe (*certain calling, stated calling*) est ce qu'il y a de meilleur pour chacun ». Pour l'ascétisme puritain, le travail doit être systématique et méthodique. « Dans la conception puritaine de la besogne, note Max Weber, l'accent est toujours placé sur ce caractère méthodique de l'ascétisme séculier, et non point, comme chez Luther, sur l'acceptation du sort que Dieu a irrémédiablement fixé pour chacun » (p.216). Si l'accomplissement dans le monde de la besogne professionnelle est, pour Luther, l'expression extérieure de l'amour du prochain, c'est au nom de l'idée que chaque individu est contraint, du fait de la séparation des métiers, à travailler pour les autres. Max Weber remarque très finement que « l'extrême naïveté de ce point de vue contraste d'une manière presque caricaturale avec les propositions bien connues d'Adam Smith sur le même sujet : «Nous nous adressons non à leur humanité, mais à leur égoïsme » (p.92). C'est dans sa version calviniste, et surtout puritaine, que l'éthique protestante en vient à coïncider avec l'esprit du capitalisme et ses choix économiques.

* * *

La pensée de la division a jusqu'ici opéré dans la perspective capitaliste du profit maximum, qui passe par le meilleur rendement du travail payé sous forme de salaires.

Nous voudrions maintenant nous tourner vers l'auteur qui forge l'expression devenue familière : « division du travail», et qui en définit la fonction à nouveaux frais : Bernard Mandeville (1670-1735), surtout connu comme l'auteur de *La fable des abeilles* (1714, 1723 et 1729 pour la deuxième partie) [1].

Il ne faut pas minimiser l'originalité de Mandeville. Les points de vue précédents ne sont pas ignorés, mais pour lui, avant d'être le ressort de la production manufacturière la plus compétitive, la division du travail est une solution modeste que les hommes besogneux et sans génie ont trouvée sans l'avoir cherchée, peu à peu, à mesure que s'est constitué le corps social.

Dans les *Recherches sur la nature de la société* (1723), Mandeville introduit le thème de la diversité des travaux et il utilise d'abord le mot *divided*, comme Petty, à propos des branches des manufactures, mais en allant d'emblée jusqu'à donner à cette division le double rôle d'un agent de socialisation et d'un facteur de progrès : « Plus grande est la variété des métiers (*trades*) et des

1. Editions: *The Fable of the Bees*, F.B. Kaye (Oxford, Clarendon Press, 1924, disponible aujourd'hui dans les *Liberty Classics*, Indianapolis), P. Harth (Penguin, 1970, seulement la Première Partie) pour le texte anglais. Toutes les éditions reprennent la pagination des éditions originales 1723 et 1729 (y compris la traduction française 1985 et 1991). L. et P. Carrive ont donné une traduction française de *La fable des abeilles, ou les vices privés font le bien public*, 1e Partie, 1714 (Paris, Vrin, 1985) et de la deuxième partie (Paris, Vrin, 1991). Manquent donc à cette traduction : l'*Essay on Charity and Charity-Schools* et *A Search into the Nature of Society* (1723).

manufactures, plus ils sont actifs, et plus ils sont divisés en un grand nombre de branches ; plus un grand nombre d'hommes peut se rassembler en une société, sans qu'ils s'empêchent mutuellement, et plus aisément ils peuvent former un peuple riche, puissant et florissant » (I, 425). La division du travail est l'intermédiaire essentiel entre les vices privés (et le mal naturel) d'un côté et le bien public de l'autre. Elle est au centre du schéma mandevillien, rappelé dans la dernière page de la *Recherche sur la nature de la société* : « C'est ce que nous appelons dans ce monde la mal, tant moral que naturel, qui est le grand principe qui nous rend sociables, et qui est la base, la vie et le point d'appui de tous les métiers et de toutes les occupations, sans exception »[1].

« Ecrivain courageux et forte tête » (Marx *dixit*), Mandeville conjugue un mode de penser influencé par les économistes et un parti pris de donner une dimension morale et philosophique à leurs constats. Ainsi il élève ses conclusions au plan d'une philosophie politique et d'une science de l'homme. On n'en reste pas aux aphorismes triviaux de la sagesse des nations (« A quelque chose malheur est bon », « Le malheur des uns fait le bonheur des autres ») non plus qu'à un providentialisme béat qui trouve à peu de frais

1. I, p.428. Cité par Marx, *Œuvres*, tome II, p.399 (*Théories sur la plus-value*).

satisfaction (« Dieu écrit droit par des lignes courbes »). Mandeville trouve son objet de pensée, et son style philosophique, quand il fait la preuve du profit qui résulte nécessairement de tel ou tel accident, désordre, échec. Non pas, comme dans une théodicée, par renversement et en passant à un plan supérieur, ou à un point de vue plus englobant ; mais en regardant simplement ailleurs. Ainsi, tout « bien » n'est que l'effet local d'un « mal ». Tirant le bien (social) du mal (naturel et moral), Mandeville est le contraire d'un optimiste, dans la mesure où son ironie fait apparaître tout le bien qui peut exister dans le monde comme infailliblement produit et inexorablement payé par nos turpitudes, nos haines, nos malheurs. Sa « méthode de raisonner *a posteriori* à partir des faits »[1] ne peut cependant pas être réduite à un pessimisme ou à un cynisme ordinaires. Il y a réellement dans le monde (dans le monde humain) des effets positifs. Le bien se fait tout seul, et cela se démontre, puisqu'il est un effet ou un résultat *nécessaire*. L'amélioration, dans l'histoire, est un fait ; elle n'attend pas les bonnes volontés (heureusement !). Ne pas tourner en dérision, ne pas se lamenter, ne pas détester... La philosophie que Mandeville tire de ces trois abstentions est une philosophie où le progrès a sens ou prend un sens. Elle imposera l'évidence de ses exemples et de ses

1. *Fable*, II, p.194.

schémas à bien des penseurs anglais (Hume, Ferguson, Smith, Dugald-Stewart) ou continentaux (Rousseau, Kant [1]). C'est pour nommer un aspect remarquable de ce dispositif que Mandeville propose le philosophème et l'expression de « division du travail ». Un philosophème pris au départ dans cette ruse de la raison avant la lettre dont l'amateur de paradoxes qu'est Mandeville se fait le champion, quand il se propose de « démystifier les créations humaines ».

Le concept apparaît, avec le mot, dans la Deuxième Partie de la *Fable*, au cours du 3e Dialogue, consacré à l'amour-propre et à la politesse. Quel rapport y a-t-il entre la division du travail et les belles manières ? Cléomène, représentant des idées de l'auteur, démontre à Horace, proche de Shaftesbury, l'origine des conduites de la civilité et des formules de politesse. Il les attribue, selon le schéma mandevillien, à cet amour-propre, à cet orgueil, qui pousse tout homme à se préférer à tous les autres, et à se croire supérieur. Seul « un mélange d'art et de peine peut étouffer les indices extérieurs de cette passion », incommodité qui rendrait les rapports humains impossibles si l'on n'en venait à bout. Comment ? Non certes par décision mûrement réfléchie des intéressés. « Tout ceci se fait sans réflexion, et c'est par degrés, et à

---

1. Voir l'*Idée d'une histoire universelle d'un point de vue cosmopolitique* .

force de longueur de temps, que les hommes tombent pour ainsi dire sur ces choses spontanément ».

Devant l'étonnement dubitatif d'Horatio, qui fait remarquer combien toutes ces simagrées impliquent de contraintes et d'abnégation, Cléomène démontre que l'invention de ce déguisement et de cette dissimulation qu'est la politesse, dont l'effet est que les hommes ne se heurtent pas, mais au lieu de s'affronter se cèdent le passage, est un produit naturel, lentement mis au point par mille agents aveugles, et non un artifice intentionnellement ou rationnellement inventé[1]. L'exemple des usages du corps (comment sauter le plus loin possible ?), et surtout des techniques productives et de leur perfectionnement, dont la remarque faite dans *Research into the Nature of Society* montre bien l'analogie de fonction, vient en illustration de ce type de processus. Humilité des commencements et effets terminaux spectaculaires. Eminente supériorité du produit, par rapport au producteur. Nous n'hésitons pas à introduire une citation un peu longue.

« Pour des gens qui n'ont jamais tourné leurs pensées de ce côté, c'est certes une chose presque

---

1. « L'enjeu, c'est de montrer, contre Shaftesbury, qu'il n'y a pas, à l'origine de la société, quelque vertu, quelque délicatesse innée, quelque inspiration » écrit P. Carrive, 1983, p.494.

inconcevable que le prodigieux degré auquel, partant presque de rien, certains arts peuvent être portés et ont été portés par le travail et l'application des hommes, par le labeur ininterrompu et l'expérience conjointe de siècles nombreux, quand même ne s'y seraient employés que des gens de capacité moyenne. Quelle noble autant que belle, quelle splendide machine c'est qu'un vaisseau de guerre du premier rang, toutes voiles dehors, bien gréé et bien armé ! De même qu'en volume et en poids il surpasse infiniment tout autre corps mobile inventé par les hommes, de même aucun autre ne peut montrer une telle variété d'inventions, chacune étonnante de façon différente. Il y a bien des équipes d'ouvriers dans la nation qui, donnés les matériaux, pourraient en moins de six mois produire, équiper et faire naviguer un vaisseau du premier rang. Et cependant il est certain que cette tâche serait impossible si elle n'était divisée et subdivisée en une grande variété de travaux différents ; et il est également certain qu'aucun de ces travaux n'exige plus que des ouvriers d'une capacité ordinaire » (p.148-149)[1].

1. Texte anglais : «*Yet it is certain that this task would be impracticable, if it was not divided and subdivided into a great variety of different labours ; and it is as certain that none of these labours require any other, than working men of ordinary capacities* ».

La division (et subdivision) du travail, ici enfin nommée, est à la fois *ce grâce à quoi* le travail des hommes ordinaires donne un résultat extraordinaire, et, en tant que méthode ou artifice naturel, *le plus extraordinaire produit* du travail des hommes. La division du travail est l'instrument qui permet à ces hommes médiocres de produire des merveilles, et elle est également l'intermédiaire ou la médiation qui permet de comprendre que de l'ouvrier (très ordinaire) à l'ouvrage (très supérieur) la conséquence soit bonne, sans passer par « l'excellence du génie ».

Mandeville disserte assez longuement sur l'exemple du vaisseau. Il en tire une théorie de l'histoire des progrès techniques, dans laquelle la division du travail proprement dite demandera à être explicitement située (Mandeville restant très vague). On distingue deux points de son argument.

1. Le vaisseau, œuvre du temps et résultat des circonstances. « Pour savoir ce que cela a dû coûter d'amener l'art de construire des bateaux destinés à différents usages au point de perfection où il est aujourd'hui, il suffit de considérer, en premier lieu, que bien des améliorations considérables y ont été apportées dans les cinquante dernières années ou moins encore, et, en second lieu, qu'il y a dix-huit cents ans que les habitants de notre île construisent des bâteaux sans interruption ». La lenteur des progrès est la preuve de

leur imputabilité à quelque nécessité sourde, tâtonnante mais évolutive, et non répétitive comme l'instinct.

Hume se souvient probablement de ce passage quand il argumente contre les Stoïciens et les théistes de la Royal Society, dans ses *Dialogues sur la religion naturelle*, (5ᵉ Partie) : « Tous les mérites de l'œuvre peuvent-ils à bon droit être attribués à l'ouvrier ? Au spectacle d'un navire, quelle haute idée devons-nous former de l'ingéniosité du charpentier qui construisit une machine si compliquée, si utile et si belle ! » [1]. Renseignements pris, ce n'est qu'un « stupide artisan », qui en imite d'autres et répète les gestes de son métier. Et pourquoi l'univers ne serait-il pas, poursuit Hume par la bouche de Philon, comme le bateau ou la maison, l'œuvre collective de plusieurs ouvriers ? « En partageant l'ouvrage entre plusieurs, nous pouvons limiter d'autant les capacités de chaque ouvrier, et nous débarrasser de cette puissance et de cette connaissance colossale qu'il faut attribuer à une divinité unique (…) ». Avant l'argumentation anti-téléologique de Hume, Mandeville « minimise la sagesse du dessein humain à l'œuvre dans le bateau », comme le remarque P. Carrive (p.497).

1. Ed. H. D. Aiken, Hafner Press, Londres-New York, 1948, p.39.

2. Inutilité des efforts théoriques et intellectuels, délibérés et volontaires. «Le Chevalier Renau [1] a écrit un livre, où il montre le mécanisme de la navigation, et explique mathématiquement tout ce qui appartient à la manœuvre et à la conduite des navires. Je suis persuadé que ni les premiers inventeurs des bateaux et de la navigation, ni ceux qui ont depuis apporté des améliorations à quelques parties de ceux-ci, n'ont rêvé à ces raisons, pas plus que les plus grossiers et les plus ignorants du vulgaire quand ils deviennent marins, ce que le temps et la pratique feront d'eux bon gré mal gré (...). Ce livre, entre autres curiosités, démontre l'angle que le gouvernail doit faire avec la quille pour donner la plus grande puissance à l'effet qu'il exerce sur le bâtiment. Ceci a bien son mérite, mais un garçon de quinze ans qui a fait un an de son temps sur un heu, sait pratiquement tout ce qu'il y a d'utile dans cette démonstration. Voyant la poupe répondre au mouvement de la barre, il ne prête attention qu'à cette dernière, sans réfléchir le moins du monde au gouvernail, de sorte qu'un ou deux ans plus tard, sa connaissance de la navigation et sa capacité de gouverner son bateau lui sont devenues si habituelles qu'il le dirige comme il le fait de son propre corps, par instinct, même quand il dort à

---

1. Bernard Renau d'Eliçagaray, *Théorie de la Manœuvre des Vaisseaux*, Paris, 1689.

moitié ou qu'il pense à tout autre chose » (p.150-151).

Ce dernier membre de phrase est particulièrement intéressant. On est sur le point de passer à un examen d'un autre genre, où la « division » ne fait pas intervenir seulement l'attribution des tâches à une pluralité d'agents, mais implique une décomposition ou analyse de l'opération à exécuter en étapes requérant des niveaux d'attention (ou d'instruction, ou de « génie » différents. On passerait facilement alors aux travaux intellectuels, divisibles aussi en fragments demandant des compétences et des vigilances de degrés différents [1]. La division du travail intellectuel pluralise le sujet. Au sens le plus strict : les signes, qui lui sont indispensables, sont des objets « publics ». Sur cette voie, Mandeville ne s'aventure pas. Il se borne à des réflexions spirituelles mais plus faciles sur la division du travail dans le gouvernement et dans l'Eglise. Et on peut même dire que sa philosophie est à l'opposé de celles qui attendent le progrès de l'histoire d'une division rationnelle des tâches.

---

1. Voir Leibniz, *De Cognitione, Veritate et Ideis*, qui introduit l'idée de *cogitatio caeca et symbolica*, «pensée aveugle et symbolique dont nous usons en Algèbre et en Arithmétique, mais aussi presque en toute circonstance». Voir ci-dessous, notre Commentaire du texte de Ferguson.

Si une division du travail est à l'œuvre dans la production historique des progrès techniques, elle ne fait pas la part belle aux intellectuels. « Ce sont bien rarement les mêmes sortes de gens qui inventent des arts et des améliorations des arts, et qui s'enquièrent de la raison des choses. Cette dernière est fort ordinairement le fait de gens désœuvrés et indolents, qui aiment la retraite et haïssent la besogne, et se plaisent à la spéculation, tandis que nul ne réussit plus fréquemment dans la première que les hommes actifs, remuants et laborieux, ceux qui veulent bien mettre la main à la pâte, faire des expériences, et donner tous leurs soins à l'affaire en train ». On pourra comparer sur ce point la pensée de Mandeville à la hiérarchie traditionnelle des fonctions de contemplation théorique et de pratique, ainsi qu'à la hiérarchie comtienne des tâches de conception et d'exécution.

Comme je l'ai laissé entendre plus haut, il faut situer la division du travail dans l'argument, qui semble l'oublier quelque peu après l'avoir introduite. Les équipes d'ouvriers (d'une capacité « ordinaire »), les équipages (enrôlés par de tout autres moyens que les concours de recrutement ou autres techniques de sélection) sont, et non pas le génie, à l'origine de la construction et de la manœuvre du vaisseau. Mandeville ne qualifie donc la division du travail que par son résultat, ou plus exactement par son rôle d'opérateur paradoxal. Le peu qu'il en dit suffit cependant pour répondre à un certain nombre de questions qu'on ne peut éluder :

— question de son origine et de sa nature : la division du travail est prise dans le réseau de ces conduites naturelles, empiriques, inconscientes et aveugles qui assurent généralement le succès des conduites humaines, bien mieux que les intentions visant un objectif défini et commandant un propos délibéré.

— question de son rôle historique d'agent de progrès, et de développement des productions. L'aspect qualitatif est privilégié ici. Mandeville laisse de côté (à la différence de Petty) le prix de revient des marchandises, les coûts à la production. Il ne se réfère qu'à la valeur d'usage de la marchandise. Il paraît sur ce point plus proche de Xénophon que des mercantilistes.

— question de son rapport avec la manufacture : en tant que procédé industriel, technologique, elle relève de la réussite empirique tâtonnante, elle est trouvée avant d'être théorisée. La division du travail plus poussée qu'illustre la manufacture amplifie et prolonge celle qui est en germe dans les formes antérieures du travail humain, et elle le fait naturellement[1], sans inter-

---

1. Sur le « laisser faire », voir P. Carrive, « Mandeville, le mercantilisme et le capitalisme », *Argent et*

vention délibérée d'un inventeur génial de l'artifice.

Un autre passage de la *Fable*, (II, p.335-336), confirme ce qui vient d'être dit. «Nulle société d'hommes, une fois qu'ils jouiront de la tranquillité et que personne n'aura besoin de craindre son voisin, ne restera longtemps sans apprendre à diviser et à subdiviser leur travail"[1]. Horatio, l'interlocuteur d'abord sceptique, cette fois, renchérit : «La vérité de ce que vous dites n'est nulle part plus évidente que dans l'horlogerie, qui est arrivée à un degré de perfection plus élevé que ce n'aurait été le cas, si tout le travail était resté l'affaire d'une seule personne. Je suis convaincu que l'abondance même de pendules et de montres dont nous jouissons, aussi bien que la précision et la beauté qu'on arrive à leur donner, sont principalement dues à la division que l'on a faite de cet art en de nombreuses branches »[2].

Dans la topique de la montre, comme dans celle du vaisseau, la perspective de Mandeville est

valeurs dans le monde anglo-américain aux 17e et 18e siècles, Université de Paris X (1980).

1. Texte anglais : «*No number of men, when once they enjoy quiet, and no man needs to fear his neighbour, will be long without learning to divide and subdivide their labour* ».

2. Texte anglais de ce dernier membre de phrase : « *owing to the division that has been made of that art into many branches* ».

originale. Il ne s'en tient pas, comme Petty et Martyn, au calcul des bénéfices, mais cherche avant tout à « défaire le faux prestige qui s'attache aux inventions de l'homme », comme l'écrit P. Carrive (p.497). *Moins* donne *plus*. Mais ce n'est plus seulement chez lui un calcul de l'intérêt. Le « profit » dont il est question à chaque page n'est plus exclusivement celui du livre de compte du chef d'entreprise ou du commerçant. De quel jugement de valeur s'agit-il ? Rabaisser les artisans qui sont à l'origine des plus admirables constructions des arts, faire de la division spontanée des tâches la cause première des réussites de l'industrie, et du progrès graduel insensible un processus sans sujet, c'est donner le premier rôle aux opérations faciles, aux gestes à la portée de tout le monde, à un apprentissage technique réduit au minimum. On peut noter à quel point cela est différent de ce que les anciens avaient pu écrire sur la division des métiers comme spécialisation qui fait des virtuoses. Et de ce qu'écrira Smith lui-même, qui retiendra comme première circonstance profitable de la division du travail qu'elle accroît la dextérité de chaque ouvrier particulier. Chez Mandeville, la division du travail est le substitut de la dextérité. Philosophe des effets paradoxaux, ou du retournement des effets, l'auteur de la *Fable* collectionne les effets bénéfiques du « mal », qui, à la différence des « effets pervers » du bien, auxquels on pense immédiatement à les opposer, ne sont pas des phénomènes latéraux et accessoires, sporadiques ou lacunaires, mais des phénomènes qui ne demandent qu'à se solidariser ou à se conjuguer, pour construire (sans constructeur) une société humaine « forte et puissante » (I, p.203). Il n'est même pas suffisant de dire que les effets (qu'on pourrait presque dire providentiels) du mal font boule de neige ou tache d'huile, le nuage ou le brouillard des désordres faisant surgir l'ordre. Au nom d'une ruse, non pas de la raison (l'universel, l'Idée « en retrait (...) payant le tribut de l'existence et de la caducité, non avec elle-même, mais avec les passions des individus »[1]) mais de la nature, jeu du désir, de l'instinct, de la passion. Ici la raison est tout entière du côté de l'artifice non prémédité, du côté du résultat ou de l'effet naturellement produit. Mandeville n'installe pas la raison *dans* l'histoire, mais en fait le produit naturel d'une histoire. L'« histoire *naturelle* » de Ferguson ne procèdera pas autrement.

Les éléments positifs que les vices introduisent comme contrepartie sont les pierres et les briques avec lesquelles s'édifie (sans architecte) la maison, la société. Il y a là quelque chose de très anglais, au sens où Nietzsche parle des « psychologues anglais », au début de la *Généalogie de la morale*.

1. Hegel, *La Raison dans l'Histoire* .

« On les trouve toujours, que ce soit volontairement ou involontairement, occupés à la même besogne, c'est-à-dire à mettre en évidence la *partie honteuse* de notre monde intérieur et à chercher le principe actif, conducteur, décisif au point de vue de l'évolution, précisément là où l'orgueil intellectuel de l'homme tiendrait le moins à le trouver (par exemple dans la *vis inertiae* de l'habitude, ou bien dans la faculté d'oubli, ou encore dans un enchevêtrement et un engrenage aveugle et fortuit d'idées, ou enfin dans je ne sais quoi de purement passif, d'automatique, de réflexe, de moléculaire et de foncièrement stupide) »[1].

Si original soit-il, Mandeville n'échappe pas au dispositif mis en place au XVIIe siècle. La division du travail entre dans un schéma d'ensemble, où il s'agit de minimiser la mise, la quantité d'argent dépensé, la qualité des agents de la production, leur mérite, leur qualification (femmes et enfants, voire « nègres »[2]), leur salaire, et de maximiser le gain. Mais le gain, chez lui, n'est plus le seul bénéfice pécuniaire de l'entrepreneur, ce sont les « *publick benefits* », la prospérité de la société toute entière, sous la forme de la quantité de travail qu'elle produit.

Mandeville propose une philosophie du travail.

1. *Généalogie de la Morale*, I, 1.
2. Martyn, *Considerations*...

Garnier, le traducteur de la *Richesse des Nations*, distingue ainsi dans sa Préface, Adam Smith et les « économistes » (comprenons : les économistes français que nous appelons les Physiocrates) : « Les derniers remontent à la *terre* comme source primitive des richesses ; l'autre s'appuie sur le *travail*, comme l'agent universel dont elles sont toutes produites » (p.lxx). Smith doit beaucoup, sur ce point également, à Mandeville et à la critique de certains mercantilistes par ce dernier. Certes, Mandeville ne sépare pas la terre et le travail, dans certains passages de la *Fable* : « La valeur de l'or et de l'argent peut bien monter ou descendre, la satisfaction de toutes les sociétés dépendra toujours des fruits de la terre et du travail des gens. Ces deux-là réunis sont un trésor plus certain, plus inépuisable et plus réel que l'or du Brésil et l'argent du Potosi » (*Fable* I, p.213-215). La source de l'opulence, ce n'est pas l'or, mais ce n'est pas non plus la terre seule. C'est essentiellement le travail. Abandonnés à leur paresse naturelle, les hommes végéteront, au milieu de la plus généreuse nature. « L'homme ne fait d'efforts que quand il est secoué par ses désirs. Tant que ceux-ci sont en sommeil, et qu'il n'y a rien qui les éveille, sa supériorité et ses capacités restent à jamais cachées, et cette lourde machine, sans l'influence des passions, peut se comparer à un énorme moulin à vent quand il n'y a pas un souffle d'air » (*Fable*, I, p.199-200).

Quand il parle du travail, Mandeville pense à celui que la société donne à ses pauvres, et qui leur permet de vivre, procurant à la fois un objectif d'action et un moyen de subsistance. Il pense aussi à ce travail comme production de richesses, de marchandises, de biens ou de valeurs, production qui est le fait de l'effort des hommes et, au moins de façon métaphorique, de celui qui est extorqué ou imposé à la nature. « Le grand art donc, de faire le bonheur d'une nation et de lui donner ce qu'on appelle la prospérité, consiste à fournir à tout le monde l'occasion d'avoir du travail. Pour y parvenir, le premier soin du gouvernement doit être de favoriser toute la variété des manufactures, des arts et des métiers que l'ingéniosité humaine est capable d'inventer ; et son deuxième soin d'encourager l'agriculture et la pêche dans toutes leurs branches, afin que la terre entière se voie forcée aux mêmes efforts que les hommes. Si le premier moyen est infaillible pour rassembler en une nation de grandes multitudes, l'autre est la seule méthode qui permette de la faire subsister » (p.215-216). Le salaire, qui dispense les pauvres de dépendre des secours charitables ou de mourir de faim, le produit, agricole ou industriel, la coexistence des hommes dans la société civile, la richesse d'une société opulente où le luxe brille de tous ses feux : voilà l'éventail ou le spectre des effets du travail.

Le travail n'est pas le résultat d'un penchant naturel. Il est, lui-même, un effet (de la passion, orgueil ou cupidité, du besoin) générateur d'effets (externes, comme l'opulence dont il est la source, ou internes, comme la division du travail et ses conséquences). Ce qui est naturel, c'est que « tous s'efforcent d'avoir tout ce qu'il leur faut, avec aussi peu de peine que possible » (I, p.101). Le travail *se* divise, nous a d'abord dit Mandeville. Il cohère la société. Mandeville découvre en lui une positivité, c'est-à-dire l'occasion d'effets positifs en chaîne ou en réseau.

Mandeville ne cherche certes pas à réduire quantitativement le travail au nom de la charité pour les travailleurs. Il souhaite au contraire l'augmenter, et la logique de la division du travail ira bien évidemment dans ce sens, à la surprise des naïfs comme Proudhon. La division du travail produit son effet, ou marque un point, chaque fois que des moins qualifiés (femmes, enfants, indigènes des colonies) se mettent au travail. Mais il n'échappe pas à l'idée d'une rationalité technologique et économique peu à peu mise en place, et dont la machine est un terme provisoire.

« Je ne sais rien à quoi on puisse plus justement comparer les lois et l'économie établie d'une ville bien réglée qu'au métier à tricoter les bas. Cette

machine, au premier coup d'œil, est complexe et
incompréhensible ; mais elle a des effets précis et
fort beaux ; et ses produits offrent une étonnante
régularité. Cependant, la beauté et la précision de
la fabrication tiennent principalement, sinon
totalement, à l'heureuse invention, au système de
la machine. Car le meilleur artisan qui s'en servira
ne fera pas mieux que presque n'importe quel
vaurien après six mois d'apprentissage ». Suit la
comparaison avec l'horloge « faite pour jouer
plusieurs airs ». Une fois les ordonnances et les
lois régissant les villes amenées à leur perfection,
« on peut laisser la machine jouer toute seule, sans
y mettre plus de talent qu'il n'en faut pour
remonter une pendule » (II, pp.386-388). Il n'est
pas exagéré de dire qu'on est ici au plus près de
Smith, pour qui le travail est, comme l'écrit
Garnier, « une puissance dont l'homme est la
machine »[1]. L'idée est celle de la société au
travail.

*
* *

Il reste enfin à aborder un dernier versant de
la division du travail avant Smith : ses descriptions
documentaires, directement inspirées par un souci
d'information technique ou de bilan techno-

---

1. Op. cit. p.lxxj.

logique. C'est en France, cette fois, que nous trouvons nos références.

L'article « Epingle » de l'*Encyclopédie*, rédigé par A. Deleyre[1] (1726-1797), est intéressant en lui-même, et intéressant à comparer avec celui que nous mentionnons ensuite. C'est de lui d'abord que vient le piquant de l'analyse et de la description : « L'épingle est de tous les ouvrages mécaniques le plus mince, le plus commun, le moins précieux, et cependant, un de ceux qui demandent peut-être le plus de combinaisons : d'où il résulte que l'art, ainsi que la nature, étale ses prodiges dans les petits objets, et que l'industrie est aussi bornée dans ses vues qu'admirable dans ses ressources ; car une épingle éprouve dix-huit opérations avant d'entrer dans le commerce ». Réaumur de l'humble et trivial objet technique, il découvre une réelle complexité dans les dix-huit opérations différentes et successives nécessaires pour réaliser le produit fini. L'ordre merveilleux que le premier révélait dans la structure du moindre insecte se trouve en la circonstance renvoyé *a parte ante*, dans le procédé de fabrication en série. La coordination de ces opérations est étudiée ici d'un point de vue exclusivement technicien : celui des étapes successives de l'ouvrage, des procédés méthodiques et de leur

1. Orthographié aussi *Delaire*. Le tome V de l'*Encyclopédie* est publié en 1755.

finalité. L'article se termine par cette remarque
(de Diderot lui-même ?) : « Cet article est de
M. Deleyre, qui décrivait la fabrication de
l'épingle dans les ateliers mêmes des ouvriers, sur
nos desseins, tandis qu'il faisait imprimer à Paris
son analyse de la philosophie sublime et profonde
du chancelier Bacon ; ouvrage qui, joint à la
description précédente, prouvera qu'un bon esprit
peut quelquefois, avec le même succès, et s'élever
aux contemplations les plus hautes de la philosophie, et descendre aux détails de la mécanique la
plus minutieuse. Au reste, ceux qui connaîtront un
peu les vues que le philosophe anglais avait en
composant ses ouvrages, ne seront pas étonnés de
voir son disciple passer sans dédain de la
recherche des lois générales de la nature, à
l'emploi le moins important de ses productions ».
Adam Smith s'est inspiré de l'article de Deleyre,
mais il a probablement eu connaissance aussi de
celui dont nous allons dire quelques mots, et qui
est mentionné par Deleyre, à qui les Ency-
clopédistes, qui le détenaient sans doute bien avant
1760 ont dû le montrer.

J. D. Perronet (1708-1794), constructeur du
pont de la Concorde et directeur de l'école des
Ponts et Chaussées, a en effet enquêté sur le même
sujet que Deleyre, et le volume IV des Planches
(*Recueil de Planches sur les Sciences, les Arts
Libéraux et les Arts Mécaniques avec leur*

explication, 1765) présente de lui un texte de huit pages, accompagné de trois planches : « Epinglier. Description de la façon dont on fabrique les épingles à laigle en Normandie ». Selon Kafker[1], l'article est écrit en 1740. L'article fut plus tard révisé par Duhamel du Monceau pour publication dans la série des Arts mécaniques de l'Académie Royale des Sciences (voir F. A. Ferchault de Réaumur, H. L. Duhamel du Monceau et J. R. Perronet, *Descriptions des Arts et Métiers, faites ou approuvées par MM. de l'Académie Royale des Sciences, Art de l'Epinglier*, 1761).

Perronet ne se contente pas d'une description technique, mais évalue les coûts, en fonction des salaires versés aux ouvriers employés aux divers postes de travail, du rendement, méticuleusement examiné, qu'il est possible d'attendre d'eux, et des prix de vente des matières premières et des produits finis. Il ne s'intéresse pas seulement à la succession linéaire des opérations de transformation de la matière, mais à la distribution de ces opérations à des ouvriers distincts dans l'atelier, au nombre de répétitions du geste par unités de temps ; à regarder de près, il ne distingue pas des niveaux distincts d'habileté, mais il est sensible aux effets de la fatigue consécutive à la répétition

---

1. F. A. Kafker, *The Encyclopedists as Individuals : a Biographical Dictionary of the Authors of the* Encyclopédie, Oxford, The Voltaire Foundation, 1988.

des mêmes gestes à un rythme soutenu, ainsi qu'à la pathologie de certaines tâches. L'approche de Perronet est plus « technologique », si l'on veut bien entendre par là qu'elle prête attention à l'organisation du travail et à sa rentabilité capitaliste [1]. C'est donc bien cette étude, antérieure pour sa rédaction mais postérieure pour sa publication à celle de Deleyre, qui est la plus proche du premier chapitre de la *Richesse des Nations,* bien qu'elle n'envisage pas la division du travail comme un ressort général de la production et de l'économie.

Ce paradigme français de la fabrique d'épingles, auquel J. B. Say [2] fait aussi un sort (« C'est un triste témoignage à se rendre que de n'avoir jamais fait que la dix-huitième partie d'une épingle »), a-t-il vraiment droit de priorité ? Rien n'est moins sûr. L'édition Edwin Cannan de l'*Inquiry* de Smith (University of Chicago Press, 1976), après avoir noté que le

1. Perronet a transmis à Diderot (qui l'utilise pour la rédaction de son article « Feu (pompe à) ») un rapport exactement documenté sur une machine à vapeur type Newcomen, fonctionnant à Bois-de-Bossu, province de Hainaut, rédigé par son ami et collègue l'ingénieur Mandoux. Un même type de regard est porté sur la rentabilité d'une entreprise industrielle, qu'il s'agisse de l'exploitation d'une machine, ou de l'emploi le plus performant des ouvriers.

2. *Traité d'économie politique*, 1803.

nombre de dix-huit opérations vient probablement de Deleyre, ajoute que dans certaines manufactures, la division était plus poussée, et que la *Cyclopaedia* de Chambers, vol. II, 2d Ed.,1738 et 4th Ed., 1741, *s. v. Pin*, élevait le nombre de celles-ci à vingt-cinq !

Quoi qu'il en soit de ce nombre, l'important est de constater qu'une positivité nouvelle apparaît ici, le travail donnant lieu à l'analyse des tâches, ou des opérations, sur le modèle de ce travail de l'esprit qu'analyse à la même époque Condillac, à l'instigation de Diderot. De même que Condillac décompose jusqu'à la sensation toute l'activité de pensée sans prendre pour argent comptant les frontières des facultés traditionnellement distinguées, la nouvelle analyse à laquelle donne lieu le travail ne s'en tient pas aux métiers et autres grandes divisions traditionnelles. Une réalité technologique brute, celle du geste opératoire atomique, individualisé comme moment partiel du procès total, fournit le terme extrême de la division, et entre en opposition avec ce que le travail avait toujours été précédemment, dans le cadre puissamment socialisé des métiers. Le schéma peut être transposé à toute étude de l'homme et de la société. Itinéraire possible :

Turgot[1], Sieyès[2], Rœderer[3], Destutt de Tracy[4].
De l'analyse des tâches à l'idéologie, en passant
par l'analyse des richesses et la philosophie
politique bourgeoise de la représentation.

Comme l'écrit Garnier dans sa préface, en ce
qui concerne l'économie politique, le fait que la
source de la valeur est le travail et non plus la
terre est loin d'être indifférent : il a pour conséquence que la science économique, qui en fait son
objet, est, sans jeu de mot, opératoire, et « réunie

1. Voir *Réflexions sur la formation et la distribution
des richesses* (novembre 1766), in *Œuvres de Turgot*
(Ed. G. Schelle, Paris, 1914, tome 2, pp.533-601).
2. Voir la *Lettre aux Economistes sur leur système de
politique et de morale*, 1775, mss. publié dans *Ecrits politiques*, choix et présentation par R. Zapperi, Ed. des
Archives contemporaines, 1985, pp.27-43. Voir aussi le
discours du 7 septembre 1789, « Dire sur le Veto royal »,
Archives parlementaires, VIII, p.592-597. Cet aspect de la
pensée de Sieyès est bien étudié dans deux ouvrages
récents : Lucien Jaume, *Echec au libéralisme*, Paris, Kimé,
1990, et Catherine Larrère, *L'invention de l'économie au
18e siècle*, Paris, PUF, 1992 (chapitre 8, « Sieyès : le
gouvernement représentatif d'une république
industrieuse »).
3. Voir *Cours d'organisation sociale fait au Lycée*,
1793, et *Journal d'économie publique, de morale et de
politique*, 1796. Voir Lucien Jaume, ouvrage cité.
4. Voir *Eléments d'idéologie*, 4e et 5e Partie, Traité de
la volonté et de ses effets, Paris, 1815. En particulier
chapitre 1 : « De la société ».

aux autres sciences morales[1], qui tendent à améliorer leur objet et à le porter au plus haut degré de perfection dont il est susceptible » (p.lxxii).

* * *

On a certes le droit d'indiquer ce que Smith doit à son inspirateur français pour l'exemple de la manufacture d'épingles, mais cela ne prend sens que dans un cadre conceptuel dont Smith est largement redevable à l'*arithmétique politique* de sir William Petty et à la philosophie de Mandeville. La division du travail marque, avant la « célèbre apothéose » que Smith lui réserve, le carrefour imprévu de trois visées :

— la visée mercantiliste de la maximalisation du profit,

— la visée morale anglaise, tendant à accréditer le principe du renversement des effets ou de la disparité axiologique des effets et des causes, principe selon lequel il n'y a pas de place pour des « vertus sociales » (dont on n'a d'ailleurs pas besoin),

— la visée technologique, avec pour objectif l'efficacité opératoire, la maximalisation du rendement et l'économie d'effort.

---

1. Garnier oppose celles-ci aux *sciences naturelles*, « qui sont purement spéculatives ».

Si nous n'avons pas abusé de vues schématiques, une véritable division du travail s'est opérée spontanément entre ces différents courants, pour faire en fin de compte du travail divisé une nouvelle positivité, objet de science et réalité sur laquelle il est possible d'intervenir.

Mais avant même que Smith tire de la division du travail le parti que l'on sait, comme point de départ de son économie politique, un de ses proches, le philosophe écossais Adam Ferguson lui consacre un court et dense chapitre de son *Histoire de la Société Civile* (1767). Les douze paragraphes qui le composent nous semblent faire le tour de la question, et toucher avec une sûreté magistrale tous les points sensibles. C'est la raison qui nous le fait choisir comme pivot central de ce petit livre. Mais ils sont à lire avec une grande attention, leur densité risquant d'échapper à une lecture superficielle, du fait de la grande fluidité et sobriété de l'expression, sans un pouce de redondance et de rhétorique. Le concept de division du travail est un concept qui divise : non seulement la société en classes et les individus en portions d'eux-mêmes, non seulement le travail en opérations hiérarchisées, non seulement l'agent en une pluralité d'opérateurs, mais le jugement lui-même qu'on porte sur elle. Il n'est pas rare qu'elle suscite des jugements antithétiques, comme réalité ambivalente, chez le même auteur. Smith, on ne doit pas l'oublier, sera de ce nombre. Or chez Ferguson, au moins dans le texte que nous retenons, ce jugement ne se formule pas au grand jour. L'auteur expose les faits sans aller jusqu'à dire son sentiment en dernière instance. Cette discrétion est, à notre sens, le meilleur moyen d'aiguiser l'esprit critique et la vigilance du lecteur.

Texte

Adam Ferguson, Essai sur l'histoire de la
société civile. *Traduction française par
M. Bergier, Desaint, Paris, 1783, révisée*[1].
(IVe Partie, chapitre I) [2].

De la séparation des arts et des professions[3].

1. Il est évident qu'un peuple, quoiqu'il soit
pressé par l'aiguillon de la nécessité, par le désir
de bien-être, et qu'il soit aidé par les avantages
résultant de sa position et de sa police[4], ne peut
faire de grands progrès dans les arts de la vie[5],
jusqu'à ce qu'il ait séparé et départi à différentes
personnes les différentes tâches, qui demandent
une habileté et une attention particulières. Le sauvage ou le barbare[6], obligé de bâtir, de cultiver,
de fabriquer pour son propre usage, aime mieux
passer dans l'oisiveté les intervalles que lui laissent
les besognes et les alarmes, plutôt que de songer
aux moyens d'améliorer sa situation ; c'est peut-
être que son industrie[7] est découragée par la
diversité de ses besoins, ou que son attention trop
partagée ne peut suffire pour acquérir de l'habileté[8] dans aucune espèce d'emploi.

2. Cependant, la durée de la paix et l'espérance d'échanger un bien pour un autre, transforment insensiblement le chasseur et le guerrier en artisan et en commerçant. Les hasards qui distribuent inégalement les moyens de subsistance, l'inclination, des circonstances favorables, décident les hommes à embrasser des occupations différentes, et le sentiment de l'utilité les conduit indéfiniment à subdiviser leurs professions.

3. L'artiste éprouve que plus il peut resserrer son attention, et la borner à une partie de quelque ouvrage, plus son produit [9] est parfait, et plus il augmente la quantité de ses productions. Tout entrepreneur de manufactures s'aperçoit que ses frais diminuent, et que ses profits croissent à mesure qu'il subdivise [10] les tâches de ses ouvriers, et qu'il emploie un plus grand nombre de mains à chacun des articles de l'ouvrage. Le consommateur [11], de son côté, exige dans toutes les marchandises une exécution plus parfaite qu'on ne pourrait l'obtenir de mains occupées à plusieurs sortes d'objets ; et de cette manière, la progression du commerce n'est qu'une subdivision continuée des arts mécaniques [12].

4. Tout métier demande l'attention entière d'un homme, et a ses mystères [13] qu'il faut étudier, et qui ne s'apprennent que par un apprentissage régulier. Les nations vouées à l'industrie [14] en viennent au point d'être composées de

membres qui, excepté leur métier, sont de la plus grande ignorance sur toutes les choses de la vie, et qui, sans songer aux intérêts de l'Etat, sans s'en embarrasser, contribuent à sa conservation et à son agrandissement. Chaque individu est distingué par sa profession, et occupe la place à laquelle il est propre. Le sauvage qui ne connaît de distinction que celle du mérite, celle de son sexe ou de son espèce, et pour qui sa communauté est le suprême objet d'affection, est étonné de voir que, sur un théâtre de cette espèce, sa qualité d'homme ne le mette en état de jouer aucun rôle que ce soit : il fuit vers les forêts avec une surprise mêlée de chagrin et de dégoût [15].

5. La séparation des arts et des professions ouvre les sources de la richesse ; toute espèce de matière est travaillée dans la plus grande perfection, et toutes les denrées sont produites dans la plus grande abondance. L'Etat peut estimer ses profits et ses revenus d'après le nombre de ses habitants [16]. Il peut se procurer par ses trésors, la considération et la puissance nationales, que le sauvage achète au prix de son sang [17].

6. Cette méthode, qui produit de si grands avantages dans ce qui regarde les branches inférieures de l'industrie manufacturière, s'applique avec un égal succès aux objets d'une plus haute importance, aux divers départements du gouvernement [18] et de la guerre. Le soldat est dispensé

de tous les autres soins que ceux de son service ;
l'homme d'Etat partage et divise les affaires du
gouvernement civil ; les agents employés dans les
différents offices publics, remplissent leur por-
tion, sans avoir besoin d'une grande compétence
en matière d'affaires d'Etat, en suivant simplement des formes établies d'après l'expérience des
autres [19] ; ils sont comme les pièces d'une machine
qui concourent à une même fin, sans qu'il y ait de
l'intelligence ou du concert de leur part. Et, aussi
aveugles que lui à toute combinaison collective, ils
s'unissent avec le négociant pour donner à l'Etat
(*state*) ses ressources, sa conduite et sa force.

7. On attribue à la sagesse de la nature l'industrie du castor, de la fourmi et de l'abeille [20]. On
fait honneur aux nations policées de la leur, et on
la regarde comme la preuve d'une capacité
d'esprit supérieure à celle de la nature inculte.
Mais ces inventions ne leur sont-elles pas sug-
gérées par la nature, comme celles de tous les
animaux ? Ne sont-elles pas le produit de l'instinct [21], dirigé par les diverses situations dans
lesquelles l'espèce humaine se trouve placée ?
Tous les établissements n'ont-ils pas été formés
par des perfectionnements successifs, dont on ne
prévoyait pas l'effet général dans le temps qu'on
les fit ? C'est ainsi que les choses en sont venues à
un tel degré de complication que toute la capacité

dont la nature humaine fut jamais capable, n'eût pu seulement en concevoir le projet, et que nous ne pouvons même encore en embrasser toute l'étendue, maintenant qu'elle existe et s'exécute sous nos yeux [22].

8. Qui eût pu seulement prévoir, ou qui pourrait dénombrer [23] les occupations diverses et les professions qui distinguent les membres d'un Etat commerçant ? Et les méthodes, les moyens, les procédés qui se pratiquent dans chaque atelier, que l'artiste attentif [24] à sa propre affaire a inventés pour abréger ou faciliter sa tâche particulière ? En avançant vers ce haut degré d'industrie, chaque génération a dû paraître inventive et féconde en comparaison des générations précédentes ; comparée aux générations suivantes, elle a dû paraître stérile et tardive ; à quelque hauteur que s'élève l'invention humaine, par la succession des siècles, elle continue à marcher avec la même tranquillité. C'est en se traînant qu'elle fait les derniers, aussi bien que les premiers pas, dans la carrière de l'industrie et de la civilisation [25].

9. Il y aurait même lieu de douter si les aptitudes d'une nation [26] croissent en proportion du progrès des arts. Plusieurs arts mécaniques n'exigent pas d'aptitudes particulières ; ils réussissent plus parfaitement, lorsqu'ils sont totalement destitués des secours du sentiment et de la raison [27] ; et l'ignorance est la mère de l'indus-

trie, aussi bien que de la superstition[28]. La réflexion et l'imagination sont sujettes à s'égarer ; mais l'habitude de mouvoir le pied ou la main ne dépend ni de l'une ni de l'autre. Aussi celles qui réussissent le mieux sont-elles les manufactures où il est le moins fait appel à l'esprit, et dans lesquelles l'atelier peut être, sans grand effort d'imagination, considéré comme une machine, dont les parties sont des hommes[29].

10. Le sauvage avait abattu des forêts avant de connaître l'usage de la hache, et l'on avait élevé de grands poids sans le secours des puissances mécaniques. En tout genre, il y a plus de mérite à inventer qu'à exécuter ; celui qui invente un outil, ou qui sait s'en passer, prouve bien plus d'ingéniosité que l'ouvrier qui, avec ce secours, produit un ouvrage plus parfait.

11. Mais si, dans la pratique de tout art, et dans le détail de tout département, il y a plusieurs parties qui n'exigent aucun talent, ou même qui sont propres à rétrécir et à borner l'esprit, il y en a d'autres qui mènent à des réflexions générales, et agrandissent le ressort de la pensée. En fait d'industrie même, le manufacturier peut[30] avoir l'esprit cultivé, tandis que celui de l'ouvrier subalterne reste en friche. L'homme d'Etat peut avoir un génie vaste et une profonde connaissance des affaires humaines, tandis que les instruments qu'il emploie, ignorent jusqu'au système dans la

combinaison duquel ils sont compris eux-mêmes.
L'officier général peut être très habile dans l'art
de la guerre, tandis que tout le mérite du soldat se
borne à exécuter quelques mouvements du pied et
de la main. L'un peut avoir gagné ce que l'autre a
perdu [31] ; ayant à diriger les opérations d'une
armée disciplinée, il peut pratiquer en grand les
ruses, les artifices de défense et les stratagèmes
que le sauvage emploie à la tête d'une petite
troupe, ou seulement pour sa propre conservation [32].

12. Dans tous les arts, dans toutes les professions, les personnes vouées à la pratique fournissent aux savants matière à des spéculations
générales : et l'art de penser, dans une période où
tout est séparé, peut lui-même former un métier
particulier [33]. Au milieu de cette multiplicité
d'objets et d'occupations entre lesquels la société
se partage, les hommes se montrent sous une
infinité de jours différents, et offrent une ample
matière à l'imagination et à l'esprit d'observation [34] ; la conversation en devient plus animée,
plus intéressante, et d'un ressort plus étendu [35].
Les productions des talents divers sont exposées en
vente ; on s'empresse de payer tout ce qui tend à
instruire ou à amuser [36]. Par ce moyen, l'homme
oisif, aussi bien que l'homme laborieux, contribue
à accélérer le progrès des arts, et à donner aux
nations policées cet air de supériorité, avec lequel

elles paraissent avoir atteint aux fins après lesquelles courait le sauvage dans ses forêts, le savoir, l'ordre et la richesse.

Notes et remarques

1. Adam Ferguson (1723-1816), professeur de philosophie morale et d'histoire à l'université d'Edimbourg en Ecosse, fut le disciple de David Hume (1711-1776) et le maître d'Adam Smith (1723-1790). Il a publié son *Essay on the History of Civil Society* en 1767 (quatrième édition 1773). L'*Essai sur l'histoire de la société civile*, traduction française par M. Bergier, publié chez Desaint en 1783, était « imprimé depuis cinq ans ». Cette traduction, révisée, est rééditée en 1992 (PUF, collection « Léviathan »), avec une introduction et des notes, par C. Gautier. Nous présentons ici une traduction qui emprunte souvent à celle de Bergier sa saveur et son authenticité, mais corrige et précise, à nos risques et périls, ses approximations.

2. La première partie du livre traite des « caractéristiques générales de la nature humaine », la deuxième de l'histoire des nations sauvages et barbares, la troisième de celle de la police et des arts. La quatrième étudie « les conséquences qui résultent des progrès des arts civils et des arts relatifs au commerce », c'est-à-dire leur effet sur les

mœurs. La cinquième traite du « déclin des nations », et la sixième de « la corruption et de la servitude politique ».

3. Le titre du chapitre pourrait laisser croire qu'il ne s'agit, une fois de plus, que de gloser sur la distinction des métiers, caractère anthropologique, et ciment des sociétés humaines. Il n'en est rien. La « séparation des arts et des professions », comme on va voir, n'est pas une donnée naturelle, mais un fait de civilisation, aux sens divers qu'on donnera à ce terme. L'important n'est pas qu'elle rend les hommes indispensables les uns aux autres, même si elle a aussi cet effet, mais qu'elle est progressiste, qu'elle permet le décollage des sociétés où elle est plus poussée. Elle est différentielle. C'est vraiment de la division du travail, dans son efficience civilisatrice générale, qu'il s'agit dans ce texte. C'est à la fois le critère auquel on reconnaît qu'un peuple est policé, ou que tel peuple est plus policé que tel autre, et le ressort grâce auquel il va creuser sans cesse l'écart. Un phénomène dont on a pris conscience dans la manufacture et à l'âge de la manufacture, comme d'un caractère localisé dans l'espace et dans le temps, se voit promu au rang d'explication générale de l'avance ou de l'avantage des nations européennes sur les autres, et de concept fondamental de la théorie du progrès. Il faut, pour que cette promotion soit possible, que la société apparaisse comme ayant pour finalité essentielle le travail, producteur de richesses. N'est-ce pas seulement le cas de certaines sociétés, les nôtres, juste-

mént ? L'homme civil travaille, à l'opposé du sauvage et du barbare. Ce sont ses travaux qui sont divisés. A partir de cette distribution commence l'industrie, c'est-à-dire l'aventure infinie du perfectionnement, qui n'est pas tant une quête intentionnelle et inventive de la nouveauté à tout prix que le fait, indépendant de la volonté des individus, de la révolution permanente des arts.

4. La police d'un peuple est ici l'administration et les règles de vie en commun qu'il se donne.

5. Les arts de la vie (*arts of life*) sont les métiers, les techniques de production et d'échange des biens utiles. Depuis F. Bacon (*Novum organum*, I, VI, cxxix), on sait qu'ils sont le levier décisif qui commande le mode d'existence des hommes : le degré de civilisation (le *status* ou la situation) est plus déterminant que la «condition humaine», et il dépend des arts. Il y a plus de différence d'homme à homme que d'homme à bête. Le rapport entre « la police » et le travail est aussi perceptible dans cette remarque de Voltaire (*Dialogues*) : «Quoi ! Depuis que vous êtes établis en corps de peuple, vous n'avez pas encore le secret d'obliger tous les riches à faire travailler tous les pauvres ? Vous n'en êtes donc pas encore aux premiers éléments de la police ? ».

6. Le sauvage est chasseur, le barbare est guerrier, entendons pillard nomade.

7. L'anglais dit : *is discouraged from industry*. Il est découragé de mettre en œuvre son ingéniosité créatrice et inventive, sa curiosité laborieuse, son

imagination et son intelligence pratique. Celles-ci restent «en friche», comme le dira, à un autre propos, le paragraphe 11.

8. *Attention* et *skill*, attention et habileté sont deux fois associés, dans ce premier paragraphe. L'homme est ainsi fait que l'habileté ne lui vient que lorsqu'il concentre son attention sur une tâche précise. Attention et habileté sont l'une et l'autre intentionnelles, ordonnées à un objet particulier qui retient la première et par là développe la seconde. C'est là un des ressorts psychologiques et anthropologiques de la division du travail selon Ferguson.

9. En règle générale, nous modifions la traduction de Bergier chaque fois qu'elle introduit le terme « travail » en un lieu où l'on ne trouve pas les mots anglais *work* ou *labour* (ce dernier n'apparaît pas dans notre texte). Le cas est fréquent. En fait, *work* est employé deux fois dans le texte, au sens d'ouvrage, *labour* jamais.

10. *Subdivide*, subdiviser, est le mot technique, dans la littérature anglaise et française sur le management manufacturier, pour désigner l'analyse et la distribution des tâches ou opérations. On voit que Ferguson n'en reste pas à la « séparation des arts et des professions ».

11. Les termes « consommation » et « consommateur » sont familiers, en français, dans le discours de la science économique ou de la théorie des richesses au dix-huitième siècle. Ils sont présents chez Fontenelle (*Eloge de d'Argenson*) et chez

Condillac (*Le commerce et le gouvernement consi-dérés relativement l'un à l'autre*, 1776).

12. Les arts mécaniques sont, à l'âge classique, les métiers manuels dans leur ensemble. Ils ne se limitent pas à ceux que l'artisan exerce dans son atelier, entouré d'un petit nombre d'apprentis, ou aux techniques agricoles, mais englobent les travaux et les méthodes de la manufacture. Ils ne sont pas restreints à la sphère de la machine proprement dite, mais à celle de ce qui peut être fait machinalement.

13. Les métiers (*crafts*) sont des conduites acquises, que chaque ouvrier doit acquérir à son tour par apprentissage et soumission astreignante à une règle. Nul n'accède au savoir-faire s'il ne commence par se faire apprenti. Nous avons relevé au paragraphe 1, note 8, l'étroite association du *skill* et de l'*attention*. Le métier exige l'attention, qui produit l'habileté. L'apprentissage est la conduite de ce détour.

14. *Nations of tradesmen* : le même mot signifie en anglais l'homme de métier et le commerçant. *Trade* désigne tour à tour le métier, pratique spécialisée ayant pour objectif la production d'un ouvrage, et le commerce, auquel donne lieu l'échange de ces produits en tant que denrées ou marchandises. La philosophie smithienne du penchant à l'échange, moteur de la division du travail en métiers, est une élaboration rationnelle de cette particularité sémantique de la langue anglaise. Dans ce paragraphe 4, il ne fait pas de doute que

Ferguson envisage les nations dans lesquelles la séparation des *métiers* est accompli.

15. Le thème, ou plutôt la scène, sont récurrents dans la littérature de l'âge classique. Plus révélateur que l'*arrivée* du sauvage parmi nous (thème de l'étonnement...), le *départ* du sauvage évoque celui du refus de notre corruption, avec les connotations affectives et morales de l'amertume, de la désillusion, voire de l'indignation.

16. La population était déjà reliée (comme à sa cause indirecte) à la richesse des Etats, dans le chapitre IV de la Troisième Partie (« De la population et de la richesse »). « Les développements de l'industrie, les efforts des hommes pour perfectionner leurs arts, étendre leur commerce, établir leurs droits et assurer leurs possessions, sont, sans contredit, les moyens les plus sûrs, pour encourager la population. Mais ces moyens ont été imaginés par d'autres motifs, par l'intérêt personnel et en vue de la sûreté des individus. Ils ont pour but l'avantage de ceux qui sont nés et non l'augmentation du nombre de ceux qui sont à naître ». L'idée est ici que la population est en définitive (*via* le travail et le travail divisé) l'élément principal de la richesse des nations.

17. Réification de la puissance collective, le trésor public se substitue à l'engagement physique et moral personnel du sauvage comme source du prestige du groupe. La dépense se fait par délégation, suppléance, usage de signes (monétaires): le citoyen contribue par son travail et par ses finances,

comme le sauvage ou le barbare contribuait en donnant son enthousiasme et son sang.

18. *Policy*, encore traduit par « police » dans Bergier, c'est la politique, incluant le gouvernement et l'administration, au moins la « haute » administration. On notera qu'il est difficile de traduire le mot de la même façon que dans le paragraphe 1, où il était question de la police d'un peuple encore sauvage ou barbare.

19. Ici apparaît une nouvelle dimension de la séparation des tâches : elle permet d'introduire des « routines », ou segments préfabriqués, séquences d'opérations solidaires conséquentes, fruit de l'empirie. Par là, les actants bénéficient, presque sans le savoir, de l'expérience des autres. Comme nous le montrerons dans le commentaire, Ferguson met le doigt sur un élément essentiel du formalisme en général, et des procédures de traitement des opérations symboliques, que Leibniz a illustré, et que Babbage a amplifié, en en faisant le ressort principal de sa mécanisation du calcul dans ses *Difference Engine* et *Analytical Engine*. Babbage, nous le verrons, croit le devoir à Adam Smith et à la « division du travail » (*division of labour*). Les agents aveugles de l'administration travaillent *comme* les pièces d'une machine. Il restera à faire une machine qui travaille *comme* les agents aveugles de l'administration.

20. Les « merveilles » du monde des insectes ont été particulièrement célébrées dans les écrits de Réaumur (*Mémoires pour servir l'histoire des*

insectes, 1734). Sur les mammifères, voir par exemple Georges Leroy, *Lettres sur les animaux*, paraissant dans divers journaux entre 1762 et 1781, éditées en volume à partir de 1781. L'article « instinct » de l'*Encyclopédie* est la reproduction, à peu près textuelle des lettres IV, V et VII. G. Leroy, souvent réédité depuis, était Lieutenant des Chasses du parc de Versailles.

21. L'influence de Hume est ici très sensible (voir *Traité de la nature humaine*, Livre I, Troisième Partie, section 16).

22. Notre faire dépasse de bien loin notre connaissance, nos entreprises ne découlent pas de notre prévoyance, comme un intellectualisme outrancier tendrait à nous le faire croire. Il y a une intentionalité objective des actes, qui ne coïncide pas avec l'intention consciente. L'intelligence théorique est toujours à la traîne. Elle n'arrive même pas à « embrasser » ce qui s'exécute sous ses yeux. Remarque analogue sous la plume de Diderot, dans l'article « Bas » de l'*Encyclopédie*.

23. Il y a une topique de ce tableau, dans la littérature philosophique anglaise (et française) : Adam Smith, au premier chapitre de la *Richesse des nations*, « Observez, dans un pays civilisé et florissant... » ne fait que reprendre, selon Marx, un développement de Mandeville dans *La Fable des Abeilles*. En réalité, le passage de la Remarque P, p.185, traite du luxe dont sont entourés aujourd'hui même les indigents. L'exemple des vieux soldats hébergés à l'Hôtel des Invalides est sophistique.

24. On avait déjà vu (paragraphe 1) l'attention engendrer l'habileté. Ici, la remarque de Ferguson va plus loin. L'attention de l'ouvrier, bornée à la tâche qui est la sienne, la regarde de si près qu'elle le met sur la voie d'inventer des procédés et artifices qui la facilitent et l'abrègent.

25. « *Of commercial or civil improvement* » : nous pensons que Bergier traduit heureusement, en élargissant le premier terme à l'industrie, et le second à la civilisation.

26. « *The measure of national capacity* » : il faut entendre par là la mesure des capacités individuelles des hommes qui composent cette nation, et la somme globale pour la nation entière. Il n'est pas facile de donner une réponse générale, valable pour tous les individus, valable pour tous les ordres de capacités. On va le voir, Ferguson se garde de toute confusion.

27. Comment ne pas penser aux formules de Frederick W. Taylor, l'auteur des *Principes d'organisation scientifique*, 1911, disant aux ouvriers rebutés et révoltés par la chute dans l'automatisme à laquelle les contraignaient ses premières méthodes de direction des ateliers : «On ne vous demande pas de penser» ou «vous n'êtes pas ici pour penser »? G. Canguilhem renchérit : «Il est évidemment désagréable que l'homme ne puisse s'empêcher de penser, souvent sans qu'on le lui demande, et toujours quand on le lui interdit» («Milieu et normes de l'homme au travail», *Cahiers internationaux de sociologie*, 1947, p.125).

28. Marx s'est souvenu de cette formule et la cite (*Misère de la philosophie*, p.137, et *Le Capital*, Livre I, chapitre 15, section V). Elle est le décalque de l'adage : « L'ignorance est la mère de la dévotion », que cite Mandeville, *La Fable des Abeilles*, I, p.303. Sur l'ignorance, composante nécessaire de la société, Mandeville écrit : « Je comparerais le corps politique (j'avoue que l'image est bien basse) à un bol de punch. La cupidité serait ce qui en fait l'acidité, et la prodigalité ce qui le rend sucré. Je dirais que l'eau, c'est l'ignorance, la sottise et la crédulité de la masse fluctuante et sans goût ; et la sagesse, l'honneur, le courage, et toutes les sublimes qualités humaines que séparées par l'art de la lie naturelle, le feu de la gloire a sublimées en une essence spirituelle, cela serait l'équivalent du cognac » (p.106).

29. Tout le paragraphe, à une lacune de quatre mots près (« n'exigent aucune capacité »), est cité dans *Misère de la philosophie*, suivi de la fin du paragraphe 11 (« L'officier général... ce que l'autre a perdu ») et de la fin de la première phrase du paragraphe 12. Sur la « machine dont les parties sont des hommes », voir Dugald Stewart qui dit que les ouvriers de manufactures sont « des automates vivants » (*Lectures on Political Economy*, 1800, in *Works*, Ed. W. Hamilton, 1835, tome 8, p.318). Le désir de transformer les hommes en machines, perceptible dans la littérature du management de manufactures et dans les propos des managers, ouvrira le passage de la manufacture à la grande industrie mécanique (voir *Le Capital*, I, 14, III, p.35).

30. Le texte anglais comporte ici, et dans tout ce paragraphe 11, le verbe *may*. Ferguson entend que la division du travail autorise ou conditionne le développement des virtualités intellectuelles du manufacturier, de l'homme d'Etat et du général.

31. Marx cite en note la formule dans *Le Capital,* I, 15, V, en commentaire de sa phrase : « Ce que les ouvriers parcellaires perdent se concentre en face d'eux dans le capital ». Il cite une belle formule de W. Thompson dans *An Inquiry into the Principles of the Distribution of Wealth*, 1824 : « Le savant et le travailleur sont complètement séparés l'un de l'autre, et la science dans les mains de ce dernier, au lieu de développer à son avantage ses propres forces productives, s'est presque partout tournée contre lui. La connaissance devient un instrument susceptible d'être séparé du travail et de lui être opposé ».

32. Marx est si bon lecteur de Ferguson qu'il le paraphrase, ou plutôt qu'il en donne un intelligent commentaire, dans la phrase suivante : « Les connaissances, l'intelligence et la volonté que le paysan et l'artisan indépendant déploient, sur une petite échelle, à peu près comme le sauvage pratique tout l'art de la guerre sous forme de ruse personnelle, ne sont désormais requises que pour l'ensemble de l'atelier » (*Ibidem*).

33. Marx cite en note cette formule (*Le Capital*, I, 14, V) en commentaire de la phrase de Garnier : « Comme toutes les autres divisions du travail, celle entre le travail *mécanique* et le travail *intellectuel*

se prononce d'une manière plus forte et plus tranchante à mesure que la société avance vers un état plus opulent » (*Richesse...* tome V, p. 2, 4, 5).

34. Les hommes eux-mêmes deviennent profondément différents les uns des autres. La division des tâches est un facteur de diversification humaine. L'idée d'une *Comédie humaine* est dans l'air.

35. La vie mondaine, la conversation, les propos de salon supposent le loisir de ceux qui s'y livrent, et un développement de la diversité humaine qui leur donnent leur aliment et leur piquant.

36. Le marché des livres, ou même la bourse des idées, indice du développement de la civilisation. Ici aussi, il y a «réification», si l'on compare la littérature à la conversation. Tout objet ou produit de l'ingéniosité humaine (*ingenuity*) devient marchandise. Les denrées littéraires sont produites par les mondains, ces oisifs. Le cercle est bouclé : l'oisiveté du sauvage ne l'incitait pas à travailler ; l'oisiveté du mondain n'est que de façade, il est, dans la société civile, un travailleur lui aussi. Mais pas un travailleur comme un autre.

Commentaire

Deux objections préalables pourraient nous être faites. L'expression « division du travail » n'apparaît pas dans le texte de Ferguson. Le mot « travail » même, n'y apparaît que sous le terme « *work* » et non « *labour* ». Pourquoi chercher une doctrine constituée dans un texte dont le mot est absent ? Ensuite, quel intérêt de donner la parole, sur la division du travail, à quelqu'un qui, finalement, en fait ressortir le côté fâcheux ? Une fois de plus, un adversaire ?

Et pourtant, lorsque Marx réfléchit à la division du travail, c'est bien plutôt à Ferguson qu'à Smith qu'il se réfère, ce sont ses formules qu'il cite et qu'il commente. D'abord parce qu'il pense que cela vient à Smith de Ferguson : « En sa qualité d'élève de Ferguson, Adam Smith savait à quoi s'en tenir sur les conséquences funestes de la division du travail fort bien exposées par son maître »[1]. Dans *Misère de la philosophie*, il s'exprime ainsi : « Dix-sept ans avant Smith, élève d'A. Ferguson, celui-ci a exposé nettement la chose dans un chapitre qui traite spécialement de la division du travail »[2]. Noter que

1. *Le Capital*, I, ch.14, V, p.51, note.
2. Ed. soc. 1961, p.137.

Ferguson doit peut-être, inversement, à Smith, ses idées (ou au moins certaines de ses idées) sur ce point précis. La notion semble familière dans l'entourage de celui-ci. E. Halévy (*La formation du radicalisme philosophique*, tome I, p.164) cite une observation de Lord Shelburne, en relation avec Smith depuis 1761, évoquant en 1766 la fabrication « subdivisée » (*subdivided*) des boutons à Birmingham. Joseph Priestley (*An Essay on the First Principles of Government*, 1768) montre que les progrès de l'humanité sont relatifs à « la division des objets de l'attention humaine » (p.6). Même quand le mot n'est pas prononcé (et nous en avons un exemple avec Ferguson), il y a une place, et une place centrale, pour le concept. C'est celle-ci que Ferguson explore et dégage, en douze points, dans un essai qui ressortit d'un genre fort en vogue en son temps, dans toute l'Europe et particulièrement en Ecosse : l'histoire naturelle de l'homme [1], histoire hypothétique des causalités naturelles et nécessaires à l'œuvre dans le devenir des sociétés.

Cela apporte une amorce de réponse à la première objection préalable. Et également à la seconde, Ferguson adoptant un point de vue d'où l'on peut voir la division du travail inscrire, non pas comme on dirait superficiellement, « ses avantages

---

1. Voir P. Carrive, «L'idée d'»Histoire naturelle de l'humanité» chez les philosophes écossais du 18e siècle», in O. Bloch, B. Balan et P. Carrive (Dir.), *Entre forme et histoire*, Méridiens-Klincksieck, Paris, 1988.

et ses inconvénients », mais le spectre de ses effets historiques à la fois nécessaires et surprenants.

Premier paragraphe.
La civilisation, effet de la division du travail.

Premier paragraphe, première surprise. Ferguson consacre la quatrième partie de son livre aux « conséquences qui résultent du progrès des arts civils et des arts relatifs au commerce ». Bien que notre chapitre soit le premier de cette quatrième partie, il n'expose pas, avec la division des tâches, une conséquence, mais bien la matrice dont les conséquences vont découler. Ferguson brosse l'opposition entre le sauvage ou le barbare (chasseur ou guerrier, respectivement), obligés de se procurer par eux-mêmes tous les biens d'usage nécessaires, et donc enclins seulement à la paresse hors les moments de grandes alarmes, et les sociétés comme les nôtres, où règne la séparation et la distribution des tâches particulières. L'activité des premiers est de type discontinu, explosif, toujours lié à des situations d'urgence : la quête, la poursuite et la capture des proies, l'agression et le pillage. Puis la digestion de la bête repue. Sauvages et barbares forment les *rude nations*, les peuples grossiers et incultes, « rudes » au sens de « non-travaillés », c'est-à-dire selon Ferguson « non-travailleurs ». Nos sociétés sont au contraire des sociétés au travail, le régime de celui-ci étant continu et régularisé, uniformisé dans le temps comme il est diversifié dans l'espace. La distribution, comme localisation et répartition dans l'espace social, conditionne l'uniformisation du procès temporel.

Ferguson présente la séparation des tâches comme condition des progrès dans les « arts de la vie », source de changements. Les médiations psychologiques et anthropologiques sont les suivantes : l'attention, d'abord divisée (*divided*) chez le sauvage et le barbare, se concentre quand on la focalise sur un objet précis. C'est ce qui développe l'adresse ou l'habileté (*skill*). Celle-ci n'est pas un pur acquis, puisque il a été dit en I, vii, « L'art est naturel à l'homme, et (...) tout ce qu'il acquiert d'habileté en l'espace de plusieurs siècles n'est que le développement de talents qu'il possédait au tout début ». Mais sans l'attention, ces habiletés particulières n'ont pas d'occasion de se manifester. C'est le cas chez les *rude nations*, dont l'industrie et l'ingéniosité restent latentes et balbutiantes : elles passent à côté du travail, ou plutôt elles s'en passent.

Deuxième paragraphe.
Naissance du travail, origine
et perfectionnement de la division du travail.

On pourrait croire, d'après ce qui vient d'être dit, que sauvage et barbare le resteront toujours, abandonnés à leur paresse (*sloth*). Il n'en est rien. Car un certain nombre de motifs naturels les entraînent vers le travail et sa division, bien que ces motifs agissent de façon insensible et progressive (*by degrees*). Quand ils ont l'occasion de connaître un intervalle de paix, l'attrait ou la perspective de l'échange des biens les pousse à se faire artisans et négociants. E. Halévy remarque que la division du travail est chez Hutcheson [1] une cause, et chez Smith l'effet de l'échange (*op. cit.*, p.164). Le penchant à l'échange agit selon Ferguson comme le motif ou le ressort principal de la conversion des hommes au travail. Mais si le motif est un, le travail revêt nécessairement des formes variées : la naissance du travail montre aussi l'origine de la division du travail. La répartition inégale des ressources naturelles, les différences naturelles d'inclination entre les hommes, le hasard de circonstances favorables, créent une situation de fait où les individus s'adonnent à des occupations différentes. Là-dessus, un sens inné de l'utilité les entraîne à introduire des subdivisions sans cesse plus fines de leurs tâches : la division du travail est un processus infini. Sensible sans doute à la filiation mandevillienne, Bergier ajoutait à sa traduction : « sans dessein prémédité de leur part ». Il force un peu, mais il n'a pas tort de voir là un processus sans sujet.

---

1. F. Hutcheson (1694-1746) a été professeur de philosophie morale à Glasgow de 1729 à sa mort. Il a eu Adam Smith comme élève. *A System of Moral Philosophy*, 1755.

Troisième paragraphe.
Rationalisation réflexive de la division du travail.

Après coup, c'est-à-dire une fois qu'elle existe, et qu'elle a engagé les hommes dans la subdivision indéfinie des tâches, la division du travail fait l'objet d'une justification où s'allient rétrospection et prospective, constat et projet. Cette prise de conscience prend le relais du sens de l'utilité d'abord opérant de façon uniforme. A regarder de plus près, elle est le triple fait 1) de l'artisan, qui reconnaît ses mérites du double point de vue de la qualité de l'ouvrage et de la productivité du travail, 2) de l'entrepreneur, qui l'apprécie pour la réduction des frais et l'augmentation de ses bénéfices, 3) du consommateur, qui lui est redevable de meilleurs produits, dont il prend l'habitude, et qui devient plus exigeant. Chacun des trois agents économiques, celui qui cherche à maximiser son salaire, celui qui cherche à maximiser son profit, celui qui cherche à minimiser sa dépense, exerce une pression continue dans le même sens. On peut dire que pour Ferguson, les trois agissent de concert. Le commerce florissant d'aujourd'hui doit tout au processus continu de la subdivision du travail industriel. La manufacture est la vérité de la société, le lieu où elle se révèle le mieux. Notre histoire est celle des progrès du commerce.

L'« après coup » dans lequel se situe la présente considération de Ferguson a un nom : c'est l'âge de la manufacture, l'économie et la société civile de son temps, dont la philosophie morale fait l'« histoire naturelle » ou la généalogie présumée. La *différence* entre la division du travail dans la société et la division du travail dans l'atelier, dont Marx dira qu'elle est d'essence (*wesentlich*)[1], ne peut pas apparaître autrement que sous les espèces de la rationalisation ou du perfectionnement, d'un passage de l'aveugle à l'intentionnel. Cette différence d'essence est le « caractère capitaliste de la manufacture »). Ferguson ne la voit pas, mais n'aurait-t-il pas aidé Marx à la voir ?

Quatrième paragraphe.
Une philosophie du travail.

Ce très beau paragraphe dit d'abord ce qu'est le « métier » (*craft*), forme accomplie du travail. Le métier, c'est le travail particularisé, réduit à une tâche plus ou moins précise, focalisant l'attention et objet d'un apprentissage. Dans le métier, le travail accapare tout l'homme, momentanément, et le concentre sur un objectif délimité. Il lui demande des conduites étudiées et des gestes appris ; il requiert une soumission à des normes, un apprentissage de la règle, une initiation. On ne s'improvise pas travailleur. Le travail est une activité qui engage le sujet dans un processus sans sujet.

Il montre ensuite, dans nos nations « vouées à l'industrie » (*nations of tradesmen*), des réunions

1. *Le Capital*, I, ch. 14, IV, p.44.

d'agents aux activités morcelées, n'ayant en vue chacun que leurs buts propres et leurs objectifs limités comme on vient de le voir, réalisant malgré tout à leur insu, comme avec des œillères, la préservation et le renforcement de leur Etat ou de leur communauté. Tout le monde se consacre à son travail, tout le monde déploie toute son activité dans un métier. Le tout de l'homme et de ses fins, le tout de la société comme communauté des hommes qui la composent, sont totalement oubliés et méconnus par l'activité laborieuse individuelle. Les « intérêts de l'Etat » (*commonwealth*) sont cependant préservés, par une « main invisible » avant la lettre : la prospérité publique, la défense de la nation, comme on va le voir, sont assurées. Mais qu'en est-il des fins dernières de l'homme total et de la communauté ? Les différences sociales et professionnelles prennent le pas sur la qualité d'homme (ou de citoyen), les distinctions font écran à l'identité de nature. La différenciation professionnelle fait oublier l'appartenance à l'humanité. Bergier a-t-il raison de présenter Ferguson comme l'anti-Rousseau ?

La comparaison avec le sauvage est révélatrice de l'embarras de Ferguson. Le sauvage engage toute son humanité au service de sa communauté. L'égalité règne, tempérée seulement par le mérite, dont le principe est égalitaire et ne fait pas acception de personne. Ferguson ne s'en tient pas à une comparaison. Il évoque la scène archétypique du départ du sauvage, montrant de façon émouvante qu'il n'y a plus place, dans notre société, pour quelqu'un qui est resté un homme, ou qui n'est qu'un homme. En réalité, pour quelqu'un qui n'est pas amoindri par la professionalisation.

Cinquième paragraphe. La source des richesses.

La division du travail entraîne abondance de biens. La progression du commerce évoquée à la fin du troisième paragraphe, la multiplication et l'amélioration des produits de l'industrie, la demande accrue, l'extension du marché, sont ses résultats les plus directs et les plus faciles à expliquer. L'Etat (*State*) s'enrichit, grâce à elle, comme l'entrepreneur de cette vaste usine qu'est devenue la société civile, qu'il exploite. La population entre comme facteur essentiel dans les performances de la société au travail, comme le nombre d'ouvriers dans celles de la manufacture. De Voltaire (*Dictionnaire philosophique*, article « Population ») à Malthus (*Essai sur le principe de population*, 1798), le XVIIIe siècle, passionné de démographie et de statistiques, est unanime pour voir dans la population la richesse première des Etats. Cette idée va s'articuler avec celle du travail comme source de la valeur, ainsi qu'avec celles de santé publique, et la Révolution française y joindra l'idée d'une autre ressource : celle de la levée en masse d'une armée de conscription. Outre les effectifs de la population, ce sont les biens objectivés, les valeurs réalisées, qui sont désormais la richesse de l'Etat : ce n'est plus le dévouement des hommes.

La dernière phrase du paragraphe est lourde d'arrière-pensées. Le sujet des monarchies modernes[1] « contribue » à la défense de l'Etat (*commonwealth*) par les sommes d'argent qu'il verse au Trésor, permettant l'entretien d'une armée de métier, voire d'une armée de mercenaires. La monnaie permet cette délégation. « Ceux qui possèdent la part la plus considérable des richesses et qui ont le plus grand intérêt à défendre leur pays, parce qu'ils ont renoncé aux armes, doivent payer l'exemption de service » (III, ch.5).

Sixième paragraphe.
Généralisation de la division du travail.

Tous les travaux dont la société a besoin sont divisés, y compris la politique, le gouvernement, l'administration, la guerre. L'auteur parle ici d'un phénomène dont il est le contemporain. L'analyse des tâches est d'abord accomplie dans l'armée et dans la haute administration. Elle appelle la métaphore de la machine, fréquente dans les propos que l'on tient sur les armées nouvelles, et dans la littérature militaire. Dans ces discours, la parade[2] est plus

1. Et déjà le Carthaginois, dans le fond de sa boutique. Les sociétés anglaise et française du XVIIIe siècle sont des sociétés bourgeoises, plus qu'aristocratiques : c'est ce dont Ferguson prend acte.
2. Voir M. Foucault, *Surveiller et punir*, Paris, 1975, p.190 : « Bien », disait un jour le grand-duc Michel, devant

directement concernée que la manœuvre guerrière, toujours porteuse d'imprévu, et impliquant l'action héroïque, collective ou individuelle. Il est probable, cependant, qu'on ne forcerait pas la pensée de Ferguson en qualifiant d'armée-machine l'instrument militaire des Etats modernes. L'analyse des routines procédurières de l'administrateur, de la programmation des méthodes bureaucratiques, ici esquissée, est plus originale encore, en ce qu'elle étudie la division du travail dans une activité intellectuelle collective. Nous avons déjà signalé, dans les notes accompagnant ce paragraphe, que les signes, l'écriture, les symbolismes *ad hoc*, sont déjà les effets d'une division du travail spontanée et en même temps les instruments d'une subdivision du travail ultérieure. La comparaison avec la machine se poursuit, et évoque maintenant l'exécution mécanique et non intentionnelle d'opérations compliquées sur les signes et l'acheminement vers l'automatisation de la décision. Pour finir, Ferguson considère la « combinaison collective » involontaire et spontanée qui résulte des opérations des agents individuels. La société civile contribue à l'entretien de l'Etat, et celui-ci donne à la première sa direction : partage des tâches et des fonctions.

qui on venait de faire manœuvrer les troupes, « seulement ils respirent ».

Septième paragraphe. Ferguson et Mandeville.

On est confondu par l'instinct social et industrieux des castors, des fourmis et des abeilles. A moins de leur prêter, comme La Fontaine dans l'Epitre à Madame de La Sablière, une intelligence peu ou prou semblable à la nôtre, on attribue leurs réussites à la sagesse de la nature ou l'on y voit une preuve de celle de son créateur. C'est en revanche à l'homme seul, ou à ses sociétés historiques, qu'on attribue le mérite des inventions qui constituent les « arts de la vie ». Après Mandeville et Hume, Ferguson s'inscrit en faux contre ce partage. On se trompe sur l'instinct animal parce qu'on se trompe aussi à propos de l'intelligence humaine. Si l'on comprenait droitement que l'industrie actuelle des sociétés policées n'est que l'effet d'un instinct naturel aveugle, on s'interdirait du même coup l'effet de surprise (que l'on exagère en preuve apologétique) devant les « merveilles » de l'ingéniosité animale. En réalité, les améliorations se font sans conscience, sans propos délibéré, sans projet. Seule la visée rétrospective dessine la figure d'une entreprise concertée, à partir de la poussière des opérations objectivement (mais non subjectivement) concertantes. A la psychogenèse des actions individuelles, manque la dimension du futur et aussi la perspective du général et du collectif. Comme Mandeville et Hume, Ferguson fait le procès de l'émerveillement sot et de l'admiration mal placée. Mandeville est derrière chaque mot. Les *rude minds*, les esprits incultes, non travaillés ou non travailleurs, seront réhabilités au paragraphe 10. Il y a deux aspects de la nature, providentielle et téléologique, ou brute et seulement élevée par l'art humain. C'est un troisième qui triomphe ici. Nous en devons l'idée à Mandeville et à la ruse par laquelle la nature produit selon lui la raison, artifice non prémédité. La raison dont Hume nous a dit qu'elle était « un mystérieux et inintelligible instinct de nos âmes » (*Traité de la nature humaine*, I, III, xvi) est maintenant étudiée dans sa genèse historique et sociale comme division du travail spontanée et division du travail volontaire.

Huitième Paragraphe. Philosophie de l'histoire.

On retrouve la « longueur de temps » mandevillienne dans la philosophie de la civilisation. Une force douce [1], continue, produit des effets insensibles, qui ne valent et ne se manifestent que par accumulation. Il faut, pour bien comprendre l'histoire humaine, la regarder avec les yeux du géologue et la situer dans une chronologie longue. Alors, on comprend que l'intervention (et l'invention) des individus n'est pas téléologique. Une téléologie n'apparaît qu'à vue de clocher ou à vol d'oiseau. Il y a plus de chose dans nos villes et nos campagnes, dans nos manufactures et dans nos bureaucraties, que dans toute notre philosophie : plus

1. Hume parlait de la *gentle force*.

qu'il ne pourrait y en avoir dans les projets et les programmes du plus grand esprit. La réalité sociale et technique effective échappe à toute possibilité de prévoir. La segmentation actuelle des tâches offre un panorama dont la description exhaustive nous dépasse. L'état présent des ressources productives humaines excède nos capacités individuelles de conception et de déduction. Comment des intelligences humaines pourraient-elles en avoir formé le dessein ? L'histoire des progrès de la civilisation est l'histoire même du développement graduel de cette humble chose qu'est le commerce, celle de la complication sans cesse croissante des réseaux de l'échange, de la multiplication des marchandises, et de l'emploi de la monnaie. L'économie politique, la science des richesses n'apparaissent que fort tard. C'est à leur lumière qu'on a le plus de chances de comprendre la lente édification des artifices qui rendent la vie des hommes plus facile.

Neuvième paragraphe. Eloge de la manufacture, triomphe du travail aveugle.

Après le constat ou l'explication hypothétique d'un état de fait, nous touchons maintenant à des jugements de valeur. Mais il n'est pas très facile de saisir dès l'abord jusqu'à quel point il faut prendre les affirmations de Ferguson pour argent comptant. Il commence par une question: « si le progrès des Arts a augmenté les aptitudes des nations européennes ». Par « aptitudes des nations », on enten-

dra les aptitudes individuelles, les capacités intellectuelles et les talents manuels de tous ordres requis
des individus pour l'exécution des tâches. Fidèle à
Mandeville, Ferguson constate pour la société les
heureux effets de l'automatisme, de l'habitude, du
geste unique et de sa répétition ; il pense à l'ouvrier
de manufacture. La prospérité de celles-ci, plus
encore que le bon déroulement de plusieurs arts
mécaniques, tient à la mécanisation, de moins en
moins métaphorique, de l'atelier, qui devient « une
machine dont les parties sont des hommes ».
L'homme sans qualités, bon à rien, bon à tout, est
l'ouvrier idéal. Car, à l'extrême opposé du « chef
d'œuvre », l'ouvrage mécanique sort impeccable-
ment des mains les plus frustes [1] ou de l'usine dont
les hommes ne sont que des rouages.

Seulement, là où Mandeville disait sa satisfaction
de voir les plus belles réalisations humaines (le
vaisseau, la montre) sortir des mains grossières de
« vils » artisans, ou réagir aux commandes de
matelots bien quelconques, Ferguson, lui, n'est pas
satisfait. Il est très sceptique, la question qu'il pose et
le sort qu'il lui fait suffiraient à le prouver. La
prospérité de la manufacture s'accompagne de la
chute des aptitudes intellectuelles et manuelles
requises. Comme l'attention concentrée mène à
l'accroissement de l'habileté, la « suppression du
sentiment et de la raison » dans l'exercice du travail

1. C'est bien cela : elles ne portent plus que la trace
presque effacée de l'antique savoir-faire.

conduit à leur étiolement, faute d'usage. Une faculté
ne se développe que si on l'exerce. Elle devient
vestigiale chez qui ne s'en sert pas. Notre temps, nos
nations, sont ceux de l'amoindrissement de l'homme
moyen, si l'on ne craint pas le risque de confusion
avec le célèbre concept de Quételet[1]. Il y a là pour
Ferguson un problème de morale. Si « l'ignorance
est mère de l'industrie aussi bien que de la superstition », l'industrie, ce fer de lance de la civilisation,
et donc la civilisation elle-même, se trouvent en
mauvaise compagnie. « Affaires qui marchent »,
certes, mais au service de quelle fin ? On voit un
renversement supplémentaire du pour au contre
faire basculer du mauvais côté ce qui chez Mandeville s'était stabilisé en *public benefits*. Le paradoxe
est complet. La civilisation progresse du même pas
que l'ignorance et la dévalorisation des aptitudes. Le
rapprochement de la question qui devait révéler
Rousseau à lui-même n'est pas si arbitraire qu'il
pouvait paraître. L'introduction de Bergier, traducteur du livre en 1783, a certainement tort de présenter Ferguson comme un anti-Rousseau. Le rapport est plus complexe. Et somme toute, le paradoxe
mis en lumière pas le philosophe écossais est moins
convenu que celui du citoyen de Genève. Il ne se
contente pas de stigmatiser la corruption des mœurs
consécutive au développement des sciences et des

---

1. (18796-1874). Créateur de l'Observatoire de
Bruxelles, il eut l'idée d'un observatoire anthropométrique et
sociométrique.

arts, il montre que les progrès de l'industrie moderne comportent un revers, qui est la nécessaire contre-partie de la division manufacturière du travail : un abaissement des capacités individuelles, un retour de l'ignorance, favorisé par cela même qu'on appelle le progrès.

Dixième paragraphe.
Eloge (funèbre ?) de l'ingéniosité.

Ferguson est ainsi conduit à faire l'éloge de l'ingéniosité, puissance de l'esprit (*ingenuity*, en anglais, *ingenium* en latin) définie comme l'aptitude individuelle à se passer d'outils, ou à inventer des outils qui n'existent pas encore. L'ingéniosité est ce qu'on tire de son propre fonds (Ferguson parle un peut plus loin du *genius* des chefs d'entreprise), pour suppléer aux méthodes non encore élaborées : cette ressource ou cette dépense, dont la *Fable des Abeilles* montre qu'elles ne sont pas nécessaires. Le mérite, que Mandeville reléguait au magasin des accessoires inutiles, réapparaît, comme une valeur positive que nous serions près d'oublier, tant l'absence d'ingéniosité est créditée (très justement d'ailleurs) d'œuvres bien supérieures. En lisant ces phrases, on croit voir le tableau même qu'avait brossé Mandeville, à ceci près (qui change tout sans rien changer) que, comme dans les images ambiguës de la *Gestaltpsychologie*, la forme et le fond se sont substitués l'un à l'autre. Mais ce paragraphe n'est pas le dernier, et le dernier mot n'est pas dit.

*Onzième paragraphe. Hypertrophie
de l'ingéniosité dans les sphères dirigeantes.*

Bien que nos sociétés semblent se satisfaire
d'hommes sans aptitudes, il y a encore, et même il y
a plus que jamais, des activités qui exercent et
requièrent l'intelligence, les vues de l'esprit. La
division des tâches fait seulement de cet exercice le
privilège de quelques individus, chez qui l'ingéniosité est mise à contribution. Ce sont les dirigeants
d'entreprises, les hommes politiques, les stratèges,
voués par la division du travail aux fonctions
exclusives de direction, de décision et d'organisation. L'efficacité de leur action dépend de la
réduction des exécutants au rang d'instruments. A
cette occasion, un modèle mécanique de la
commande prend le pas sur un modèle politique de
l'autorité. La manufacture (conçue, on l'a vu,
comme machine dont les hommes forment les
pièces) impose son paradigme à l'armée et à l'Etat.
Ferguson, témoin perspicace de cet « âge des
disciplines » dont a parlé Foucault dans *Surveiller et
punir*, est en même temps un juge, qui critique. Est-
il en outre un moraliste, qui condamne ?

La division du travail ne supprime pas l'ingéniosité, comme on était autorisé à le craindre (et
comme après tout Mandeville semblait disposé à
l'accepter). Loin de là, elle l'exacerbe chez certains.
Elle est facteur d'inégalité, de différenciations, la
plus voyante (et la plus choquante) étant celle qui

s'instaure entre la brute humaine et l'homme-cerveau. Le spectre social est hétérogène. Ce n'est pas nouveau, dira-t-on. Ce qui est nouveau, c'est le type d'hétérogénéité qui triomphe, tout entier construit autour de l'atrophie, ou de l'hypertrophie, des facultés intellectuelles, et creusant un abîme entre la masse des subalternes et le tout petit nombre des ingénieux, qu'on serait tenté d'appeler des « ingénieurs ». Nos nations sont devenues des nations d'ilotes, dira Ferguson, où quelques ingénieurs de la politique et des affaires tiennent les commandes. L'intelligence se laisse-t-elle ainsi accaparer sans dommages ? En anticipant un peu sur la suite, peut-elle devenir « un métier » ? Les *happy few* qui composent cette classe de « responsables » ne sont-ils pas, en fait, des irresponsables ?

Une nuance, ou plus qu'une nuance, est apportée par Ferguson dans ce qu'il écrit à propos du général et du soldat, mais qui s'applique aussi bien aux autres cas de disparité. « L'un peut avoir gagné ce que l'autre a perdu » (en *knowledge* et en *ingenuity*). On passe de la disparité à la dépossession : l'un s'approprie ce dont l'autre est dépossédé. D'abord, l'idée que le plus d'intelligence chez l'un se paie par un amoindrissement chez l'autre. Ensuite, l'idée que l'hypertrophie de l'intelligence chez le dirigeant est le résultat d'une telle spoliation à grande échelle. La part arrachée aux hommes-machines étant la part de leur intelligence, dont ils doivent faire leur deuil, ils ne sont pas seulement inférioris és et dominés : ils sont exploités. Les « intellectuels » sont du côté du manche. Ferguson n'envisage pas qu'ils mettent la main sur la division du travail, pour transformer en instrument cet effet naturel qui ne devait rien à l'origine à la délibération. La classe des ingénieurs aura ce rôle à assumer, sinon à leur profit, du moins au profit de ceux qui les paient. Je renvoie ici à la note 31 (citation de W. Thompson) et à mon commentaire du paragraphe 12 (fin).

Cela mène à la représentation du corps socio-politique (ou de l'armée, ou de l'usine) comme un grand organisme complet au travail. On reconnaît le *Gesamtarbeiter*, « le travailleur collectif formé par la combinaison d'un grand nombre d'ouvriers parcellaires, qui constitue le mécanisme spécifique (*die spezifische Maschinerie*) de la période manu-facturière »[1]. L'armée disciplinée conduite par son général est le doublet agrandi du sauvage solitaire ou à la tête d'une poignée d'hommes.

Douzième paragraphe. Le philosophe et
l'homme de lettres, témoins de leur temps.

L'homme de décision, représenté par le chef d'industrie, le commerçant, l'homme d'Etat et le stratège, n'épuise pas à lui tout seul l'art de penser. L'âge est venu d'une connaissance approfondie de la société et de l'homme en société, qui ne peut être que le fait d'un spectateur désimpliqué de l'action et de ses intérêts immédiats, mais non détaché du présent

1. Marx, *Le Capital*, I, XIV, iii, p.39.

le plus actuel. Ce n'est pas du point de vue de Sirius qu'on peut traiter de l'homme, mais en restant au plus près de l'étude de la situation historique concrète. Le savant (*the man of science*) est le bénéficiaire de cette pensée (*thinking*) qui est devenu « un métier particulier ». La science de la société, la philosophie morale, l'histoire naturelle de l'humanité sont désormais possibles. L'homme de lettres (dramaturge et romancier, essayiste ou journaliste) et le philosophe, ces « oisifs », font de la société présente l'objet de leurs investigations (ou le canevas de leurs fabulations créatrices). Ils sont de ce fait des spécialistes de l'homme concret d'aujourd'hui, de l'homme des nations policées. C'est à eux (et non à l'ingénieur des affaires, des armées et de la politique) que pense Ferguson lorsqu'il écrit que « l'art de penser, dans une période où tout est séparé, peut lui-même former un métier particulier ». La société actuelle est une société enfin arrivée au stade où une connaissance réflexive de la société par elle-même est possible : cette instance de la théorie et de la critique sociale est partie intégrante des éléments de supériorité de notre société policée, dont elles illustrent mieux que personne les progrès.

Du côté de ceux qui pensent, Ferguson fait aux théoriciens une place à part. Cela est curieux. Les spectateurs ne sont pas confondus avec les responsables de l'encadrement. C'est cependant leur conjonction qui fera problème et opposera, au XIXe

siècle, les positivistes, les socialistes, les libéraux...,
suscitant des prises de parti idéologiques contrastées.

Autre surprise : le progrès est marqué d'une
équivoque, expliquant sans doute la fréquente mention de son caractère peut-être seulement apparent.

La division du travail, que Ferguson ne nomme
donc nulle part dans ce texte où véritablement tout
tourne autour d'elle, confronte l'auteur à une
difficulté qui, elle, ne nous semble pas seulement
apparente. La dextérité manuelle acquise par la
fixation de l'attention et l'exercice répété, l'habileté
procédurale de l'agent rodé aux routines, illustrent
aussi bien l'une que l'autre les vertus des conduites
humaines machinales. Celles-ci ne font pas appel à
l'ingéniosité. Elles peuvent cependant, indépendam-
ment de leur contribution à l'ensemble global où
elles s'insèrent, être évaluées de façon très positive.
En revanche, tout un versant du texte rend un son
différent : la mécanisation de l'action opératoire, en
divers points de la société comme dans la manufacture, s'accommode d'un agent indifférent, quelconque, ou de degré zéro. Les formules les plus
célèbres de ces pages, celles que reprendra Marx,
sont celles qui illustrent cette façon de voir. Il
semble qu'elles voient plus loin que la manufacture.
Le problème posé est celui des aptitudes, entre la
division du travail et la machine.

* *
*

Le texte de Ferguson méritait qu'on s'y attarde. En rester à sa lettre serait le desservir.

Il ne s'attache pas, comme le fera Smith, à détailler les avantages commerciaux et industriels de la division du travail. Ce dernier écrira dans le premier chapitre de la *Richesse des Nations* que « cette grande augmentation dans la quantité d'ouvrage qu'un même nombre de bras est en état de fournir, en conséquence de la *division du travail*, est due à trois circonstances différentes : premièrement à un accroissement de dextérité dans chaque ouvrier individuellement ; deuxièmement, à l'épargne du temps, qui se perd ordinairement quand on passe d'une espèce d'ouvrage à une autre ; et troisièmement enfin, à l'invention d'un grand nombre de machines qui facilitent et abrègent le travail, et qui mettent un homme en état de remplir la tâche de plusieurs ». Ferguson ne cherche ni à expliquer en quoi la division manufacturière du travail est profitable, ni à légitimer le passage de la manufacture à la société et à son « industrie générale ». Il est persuadé que la division sociale du travail, relayée depuis peu par la subdivision manufacturière, est la condition et l'index de la civilisation qui a conduit les *rude nations* ou nations incultes à l'état de peuples policés. C'est à ce titre qu'elle l'intéresse, et aussi parce qu'elle lui donne l'occasion de porter un jugement moral sur les transformations qu'elle fait subir à l'homme.

Nous ne pouvons laisser totalement de côté l'examen de l'augmentation de productivité. « Les plus grandes améliorations dans la puissance productive du travail, et la plus grande partie de l'habileté, de l'adresse et de l'intelligence avec laquelle il est dirigé ou appliqué, sont dues, à ce qu'il semble, à la *division du travail* » [1]. Ainsi commence la « célèbre apothéose ». Augmentation déjà remarquée en termes très voisins par Hutcheson (*Système de Philosophie morale*, 1755). Accroissement de la dextérité lui aussi plus traditionnel que moderne : depuis Mandeville et même Martyn, on voit surtout l'effet inverse, le travail mis à la portée des moins adroits. Nous allons voir sous peu le rebondissement de cette question de la dextérité (et aussi des machines) chez quelques successeurs de Smith, témoins de révolutions qu'il ne soupçonne pas.

Il n'est pas très étonnant que Charles Babbage (1792-1871) et Marx, après une reprise des « trois circonstances » de Smith, s'avouent un peu déçus. Je cite d'abord le premier : « Toute explication du bon marché des produits manufacturés, conséquemment à la division du travail, serait incomplète sans l'énoncé du principe suivant : *Le manufacturier, en divisant le travail* (work) *en divers procès, requérant chacun un degré différent d'adresse et de force, peut se rendre acquéreur de la quantité exacte et précise de l'une et de l'autre qui lui est indispensable*

---

1. Les références de nos citations sont dans la traduction Garnier, Paris, 1822.

pour chaque procès; tandis que si la totalité du travail (work) *était exécutée par un unique ouvrier, celui-ci devrait posséder l'adresse requise par l'opération la plus délicate, et la force requise par l'opération la plus pénible, de celles qui entrent dans l'art en question»* (Economy of Machinery and Manufactures, 1832, § 226). Babbage revendique sur ce point une originalité par rapport à Smith. Il dit avoir fait lui-même la découverte de ce principe d'économie essentiel, après avoir enquêté dans nombre de manufactures et d'ateliers de tous genres, et l'avoir ultérieurement rencontré, en termes presque identiques, chez Gioja, dans un ouvrage paru à Milan en 1815, *Nuovo Prospetto delle Scienze Economiche*, tome I, chapitre IV.

Andrew Ure (1778-1875), dans *The Philosophy of Manufactures*, 2d Edition, 1835, prête cependant à Smith lui-même la paternité du principe d'«appropriation», ainsi formulable : «On peut naturellement approprier à chacune des différentes opérations de la manufacture un ouvrier dont le salaire corresponde à son habileté»[1]. Ure y voit un «sytème des gradations du travail», propre à la manufacture, et franchement distinct du «système automatique» qui lui succède avec la grande

---

1. Nous citons dans la traduction française, *Philosophie des manufactures, ou Economie industrielle de la fabrication du coton, de la laine, du lin et de la soie, avec la description des diverses machines employées dans les ateliers anglais*, Paris, 1836.

industrie. Il ne faut donc pas faire de la division du travail un principe valable pour cette dernière forme historique de la production. « La distribution, ou plutôt l'*adaptation* des travaux aux différentes capacités individuelles, n'entre guère dans le plan d'opérations des manufactures automatiques : au contraire, partout où un procédé quelconque exige beaucoup de dextérité et une main sûre, on le retire du bras de l'ouvrier trop adroit et souvent enclin à des irrégularités de plusieurs genres, pour en charger un mécanisme particulier, dont l'opération automatique est si bien réglée qu'un enfant peut la surveiller ». Ainsi en vient-on au principe d'*égalisation,* propre au système automatique « qui décompose un procédé en le réduisant à ses principes constitutifs, et qui en soumet toutes les parties à l'opération d'une machine automatique ».

Marx (*Le Capital*, I, XIV, ii, « *Der Teilarbeiter und sein Werkzeug* ») reprend les « trois circonstances » d'Adam Smith, après quoi il donne son assentiment au principe de Babbage (et Gioja) tourné à sa façon : « Le travailleur collectif (*Gesamtarbeiter*) possède maintenant toutes les facultés productives au même degré de virtuosité (*in gleich hohem Grad der Virtuosität*) et les dépense le plus économiquement possible (*aufs ökonomischste*), en n'employant ses organes, individualisés dans des travailleurs ou des groupes de travailleurs spéciaux, qu'à des fonctions appropriées à leur qualité » (iii, « *Die beiden Grundformen der Manufaktur* »).

Cette explication, Smith n'arrive pas à la formuler de façon aussi claire, mais Ure a certainement raison de la faire remonter jusqu'à lui, quoi qu'en disent Babbage et Marx. Nous devons fixer l'attention sur les relations de la division du travail et des aptitudes.

Smith, *via* Hutcheson, 1755, hérite encore de la division du travail comme imposée par la diversité des besoins, thème classique. Mais il découvre une signification, proprement économique, du travail, dont la division et subdivision l'achemine à la définition de la *valeur* de celui-ci. Organisation du travail comme tel, elle en est inséparable : un travail (collectif) est toujours caractérisé par le niveau de division auquel il est parvenu. Un travail (individuel) est toujours caractérisé par le niveau de la division où il s'inscrit. Un produit est toujours caractérisé (y compris du point de vue très concret de son prix) par la forme de division du travail dont il est le résultat.

L'augmentation de la productivité par voie de subdivision, si visible dans la manufacture, est le paradigme et l'indice de la puissance productive du travail divisé. « Dans chaque art, la division du travail, aussi loin qu'elle peut y être portée, donne lieu à un accroissement proportionnel dans la puissance productive du travail. C'est cet avantage qui *paraît* avoir donné naissance à la séparation des divers emplois et métiers » (I, I, p.15, souligné par nous).

Dans le travail ainsi producteur d'excédent, Smith voit la source véritable de la valeur, qu'il substitue à la terre, ou au seul travail du laboureur, lequel devait à la fécondité du sol et à la générosité de la nature de passer aux yeux des Physiocrates pour l'unique source de toute richesse [1]. Si importante que soit cette innovation fondatrice [2] de Smith, nous nous en tiendrons ici à l'appréciation des effets de la division du travail sur les aptitudes individuelles.

Il faut alors reconnaître dans le travail lui-même, et non dans les circonstances, ou dans la variété des besoins humains, la division à l'œuvre, allant jusqu'à la division du travailleur. Un doute plane sur le premier chapitre de la *Richesse des Nations*. Les hommes divisent-ils le travail en vertu d'un dessein rationnel, ou au moins d'une intention délibérée, d'une sage évaluation des bénéfices escomptés, bref dans un calcul réflexif de leur intérêt? A cette question, Smith, dans le deuxième chapitre, répond : Non. «Cette division du travail, de laquelle découlent tant d'avantages, ne doit pas être regardée dans son origine, comme l'effet d'une sagesse humaine qui ait prévu ou qui ait eu pour but cette opulence générale, qui en est le résultat : elle

1. Voir par exemple Turgot, *Réflexions sur la formation et la distribution des richesses*, 1766.

2. Elle fait l'objet d'une analyse très suggestive et précise de Jean Mathiot, *Adam Smith, Philosophie et Economie*, PUF, Paris, 1990.

est la conséquence nécessaire, quoique lente et graduelle, d'un certain penchant naturel à tous les hommes qui ne se proposent pas des vues d'utilité aussi étendues ; c'est ce penchant à trafiquer, à faire des trocs et des échanges, d'une chose pour une autre » (I, II, p.29).

L'analyse de Smith fait apparaître la division du travail comme un effet naturel, résultant d'un processus nécessaire. Mandeville nous a familiarisés avec ce schéma. Smith ajoute l'idée de l'antériorité de l'instinct de l'échange, jouant le rôle de moteur du processus tout entier. Pur instinct, il agit à l'origine, il met en mouvement l'origine : il ne s'explique pas par des différences individuelles qu'il a au contraire pour rôle de faire apparaître. La spécialisation, la différence des talents naturels telles que nous les observons aujourd'hui sont aussi des résultats. l'homme n'a pas reçu de la nature des caractères distinctifs le prédisposant à des tâches spécifiques, à la différence de beaucoup d'espèces animales. Analyse classique. Aristote[1] a montré le rôle de la main, capable de tenir l'outil, et surtout de changer d'outils. Mais si l'espèce se caractérise par l'universalité de ses possibles (« L'homme a des mains parce qu'il est intelligent »), Aristote admet néanmoins des différences naturelles et irréversibles entre les hommes, quant aux talents et aptitudes. Smith oppose, lui, les espèces animales comme *canis lupus*, aux sous-espèces et races très spécialisées, à

1. *Parties des Animaux*, 687a.

l'espèce humaine : « Par nature, un philosophe n'est pas de moitié aussi différent d'un portefaix, en talent et en intelligence, qu'un mâtin l'est d'un lévrier, un lévrier d'un épagneul, et celui-ci d'un chien de berger » (I, II, p.35)[1]. Au départ, à l'origine des temps comme dans les premières années de la vie, il n'y a pas chez les hommes de différences indivi- duelles bien sensibles. Dire que les différences de talent ne sont pas naturelles, c'est s'affirmer capable d'en retracer la genèse. Smith découvre ce qui les rend possibles et utiles.

Ce qui les rend possibles, c'est, on l'a mentionné, « ce penchant à trafiquer, à faire des trocs et des échanges d'une chose pour une autre ». Comment cette pulsion d'échange rend-elle *possibles* les diffé- rences ? D'*imperceptibles* ou évanouissants écarts entre individus sont creusés, accentués, accusés. Des différences de fréquence statistique menues subis- sent cet effet amplificateur. « Par exemple, dans une tribu de chasseurs ou de bergers, un particulier fait des arcs et des flèches avec plus de célérité et d'adresse qu'un autre. Il troque *souvent* avec ses compagnons ces sortes d'ouvrages contre du bétail ou du gibier, et il s'aperçoit bientôt que, par ce moyen, il peut se procurer plus de bétail que s'il se mettait lui-même en campagne pour en avoir. Par calcul d'intérêt, donc, il fait sa principale affaire de fabriquer des arcs et des flèches, et le voilà une espèce d'armurier » (p.32-33). Chaque homme est

1. Voir *Misère de la Philosophie*, p.136.

ainsi encouragé à développer un talent particulier dans un « créneau » favorable. L'instinct du troc, amplificateur de différence, fait passer celle-ci de l'implicite à l'explicite, du fortuit naturel à l'institutionnel irréversible, de l'impondérable (entropie) au perfectionnement indéfini.

Les différences naturelles entre sous-espèces restent en effet sans profit pour l'espèce animale, par exemple le chien. Elles fournissent des avantages non cumulables au niveau de l'espèce. « Le mâtin ne peut pas ajouter aux avantages de sa force, en s'aidant de la légèreté du lévrier ou de la sagacité de l'épagneul, ou de la docilité du chien de berger » (p.35). Chez l'homme, en revanche, l'espèce est bénéficiaire de toutes les performances et de tous les records. Elle se définit par l'ensemble des meilleurs performances dans tous les secteurs. Le penchant à l'échange joue cette fois le rôle d'accumulateur des produits circulants, constituant une réserve commune, à laquelle tous apportent et dans laquelle tous peuvent puiser. La société humaine, dirait-on vulgairement, *marche à* la différenciation. Elle tend à exacerber les différences.

L'instinct de troc, joint à l'indifférenciation initiale, entraîne la plasticité des performances et leur spécialisation ascensionnelle, ainsi que la mise en commun de l'avantage des spécialisations. Ne devant rien à la morale et à l'altruisme (c'est un instinct égoïste), il rapproche les hommes en les rendant indispensables les uns aux autres[1]. On retrouve la main d'Aristote et d'Anaxagore, ou plutôt les mains. On pourrait dire en effet que l'homme est devenu ce qu'il est parce qu'il a *deux* mains, l'une pour donner, l'autre pour recevoir. La communauté, dont le paradigme est le *marché*, a des liens étroits, bien plus étroits et solides que ceux que pourraient tisser entre les hommes l'affection mutuelle et la bienveillance, ou une quelconque sociabilité naturelle. De cette communauté, on ne saurait s'exclure. Ne s'en exclut pas même le mendiant, qui croit ne dépendre que de la bienveillance des autres. L'échange est ainsi constitué comme le fait social total, et même comme le fait humain total.

Le jugement de Smith sur la division du travail est contrasté. Marx l'a justement noté. On ne peut se contenter de lire l'apothéose initiale, dans les premiers chapitres. Certes, Smith a de bonnes raisons (ce qu'il observe dans la manufacture) pour stigmatiser l'état d'amoindrissement de l'ouvrier parcellaire. Comme Mandeville et Ferguson dans la société en général, il perçoit dans les processus économiques des retombées de signe opposé.

Au Livre V de la *Richesse des nations*, chapitre 1, article II, Smith développe les idées de Ferguson : « Dans les progrès que fait la division du travail, l'occupation de la très majeure partie de ceux qui vivent de travail, c'est-à-dire de la masse du peuple, vient à se borner à un très petit nombre

1. Voir le Chapitre 1 du livre cité de Jean Mathiot.

d'opérations simples, très souvent à une ou deux. Or l'intelligence de la plupart des hommes se forme nécessairement par leurs occupations ordinaires. Un homme dont toute la vie se passe à remplir un petit nombre d'opérations simples, dont les effets sont aussi peut-être toujours les mêmes ou très approchant les mêmes, n'a pas lieu de développer son intelligence ni d'exercer son imagination à chercher des expédients pour écarter des difficultés qui ne se rencontrent jamais (...); l'engourdissement de ses facultés morales le rend non seulement incapable de goûter aucune conversation raisonnable, mais même d'éprouver aucune affection noble, généreuse ou tendre, et par conséquent de former aucun jugement un peu juste sur la plupart des devoirs même les plus ordinaires de la vie privée » (tome IV, p.181-182). Smith n'ajoute guère à Ferguson, dont il détaille et explicite les griefs.

Il est un point, cependant, qui pourrait surprendre. C'est la « dextérité dans son métier particulier » dont est crédité l'ouvrier de la manufacture. Les textes de Ure cités précédemment ont, nous l'espérons, établi la contingence historique et le caractère provisoire du phénomène. L'histoire du travail au début du XIXe siècle, avec les débuts de la grande industrie automatisée, verra la fin brutale des dextérités de métier.

Evoquons un exemple très frappant. Nous le devons à Babbage, qui en fait un extraordinaire usage, et le relate dans le chapitre 20 (« De la division du travail mental ») de son *Economy of Machinery and Manufactures* (1832)[1].

Devinette pour les jeunes générations : avant de posséder des calculatrices électroniques, comment faisait-on pour effectuer rapidement les calculs que réclament la navigation et le commerce, le budget de l'Etat et les assurances, sans parler de l'astronomie ? On avait recours à des tables numériques (arithmétiques, trigonométriques, logarithmiques, mais aussi tables de produits, de puissances, et avec cela tables des marées, tables d'astronomie nautique, tables des positions de la lune et des occcultations d'étoiles, tables d'intérêts, tables d'escompte, de changes, d'annuités...). Nous l'oublions, et nous oublions aussi que c'est avant tout pour dresser de telles tables, sans risque d'erreurs et de coquilles, que Charles Babbage, titulaire de la chaire de Newton à Cambridge de 1827 à 1839, et auteur de cette *Economie des Machines et des Manufactures* qui

1. L'ouvrage est traduit en français par Biot, ami de Babbage et académicien, en 1834 sous le titre *Economie des machines et des manufactures*. Babbage a très souvent raconté cette origine de ses idées sur le calcul mécanique. On peut lire aussi *Life of a Philosopher*, chapitre 5, la lettre à Sir Humphry Davy du 3 juillet 1822, la lettre à Brewster du 6 novembre 1822 parue dans le *Brewster's Journal of Science*. On trouve tous ces textes dans *The Works of Charles Babbage,* ed. by Martin Campbell-Kelly, Pickering, Londres, 1989, et dans Ph. & E. Morrison, *Charles Babbage and his Calculating Engines (Selected Wtitings of Ch. Babbage and Others)*, Dover, New York, 1961. Voir aussi Anthony Hyman, *Charles Babbage, Pioneer of the Computer*, Oxford University Press, 1982.

fournit une relation si exacte de l'état de l'industrie de son temps, a eu l'idée de ses machines à calculer, *Difference Engine* (1820-1833) et *Analytical Engine*. Ces tentatives pionnières du calcul mécanique, programmé, s'intégraient à une stratégie du calcul enregistré ou du calcul préfabriqué.

Babbage prétend qu'il n'aurait probablement jamais accompli ces deux inventions s'il n'avait eu présente à l'esprit l'anecdote suivante.

En 1794, la Convention charge Prony, un « géomètre » comme on disait alors, spécialiste de cadastre et de géodésie, et qui s'illustrera plus tard par l'invention du frein dynamométrique, de mettre à exécution un projet extraordinairement ambitieux : l'établissement de tables trigonométriques, en gradients conformément au nouveau système métrique décimal, avec un luxe de précisions inouï :

– les sinus naturels des $10\,000^e$ parties du quart du cercle jusqu'à la 25e décimale,

– les sinus logarithmiques des $100\,000^e$ parties du quart du cercle jusqu'à la 14e décimale,

– les logarithmes des nombres de 1 à $10\,000$ avec 19 décimales,

– les logarithmes des nombres de $10\,000$ à $200\,000$ avec 14 décimales.

En deux ans, le travail fut accompli, bien que les événements politiques en aient empêché *in extremis* la publication, et qu'il ne reste de l'aventure que dix-sept volumes *in-folio* de manuscrits à l'Observatoire de Paris. Comment cela put-il être fait ?

N'hésitons pas à citer les sources mêmes de Babbage : « Il fut aisé à M. de Prony de s'assurer que, même en s'associant trois ou quatre habiles opérateurs, la plus grande durée présumable de sa vie ne lui suffirait pas pour remplir ses engagements. Il était occupé de ces fâcheuses pensées lorsque, se trouvant devant la boutique d'un marchand de livres, il aperçut la belle édition anglaise de Smith, donnée à Londres en 1776. Il ouvrit le livre au hasard, et tomba sur le premier chapitre, qui traite de la *division du travail*, et où la fabrication des épingles est citée pour exemple. A peine avait-il parcouru les premières pages, que par une espèce d'inspiration, il conçut l'expédient de mettre ses logarithmes en *manufacture*, comme les épingles ». Que la rencontre ait pris ce tour fortuit, ou non, peu importe. Prony résolut de transposer à sa propre tâche le principe de la division du travail.

Il forma trois sections. Dans la première, « résolu à profiter de tous les talents que contenait son pays pour élaborer de nouvelles méthodes », dit Babbage, il fit entrer quelques mathématiciens de premier plan et de premier ordre, tel Legendre[1], pour chercher parmi les diverses expressions analytiques qu'on pourrait trouver d'une même fonction,

---

1. Adrien-Marie Legendre (1752-1833) est l'auteur des *Eléments de Géométrie* (1794), de la *Théorie des Nombres* (1798), du *Traité des fonctions elliptiques et des intégrales eulériennes* (1825). Académie royale des sciences 1783.

celle qui s'adapterait le mieux à des calculs mécaniques simples, que pourraient effectuer des individus en grand nombre, travaillant en même temps ». La seconde section (sept ou huit personnes) comprenant des mathématiciens bien entraînés, convertissait en nombres les formules que lui livrait la première. Elle préparait le travail qu'elle fournissait donc à la troisième, et élaborait aussi les moyens de vérification rapide des résultats qu'elle en recevait. La troisième section, soixante à quatre-vingts personnes, n'avait à faire que des additions et des soustractions. Souvent, les individus qui y travaillaient ne savaient pas faire autre chose.

Le fait saisissant, dans l'histoire des tables de Prony, c'est que, grâce à la division du travail, programmée par les théoriciens, les exécutants n'ont plus à faire que des additions et des soustractions. Cela contient en effet en germe les développements que donnera Babbage au calcul mécanique (exemple simple : le calcul des puissances des entiers se ramène à l'addition, et même à l'addition répétée du même nombre). Mais il n'est pas certain que cette innovation soit déjà dans Smith : Prony déjà, et Babbage à coup sûr, sont en avance d'une révolution. Prony a fait plus que « mettre ses logarithmes en *manufacture*, comme les épingles » : il est au seuil de l'âge de la grande industrie et de l'usine mécanique. Un symptôme, auquel nos développements précédents nous ont rendu sensible, en témoigne : on n'invoque certes plus la « dextérité » accrue de l'exécutant !

Avec Prony et Babbage, la division du travail n'est plus une simple distribution de tâches ou d'opérations spécifiées une fois pour toutes (algorithmes des diverses opérations dont les tables fournissent le résultat) et attribuées à des individus plus ou moins aptes. C'est, de la part des experts, une décomposition des tâches à effectuer en leurs éléments atomiques ultimes, à l'accomplissement de laquelle il ne faut pas s'étonner de voir toutes les ressources de l'analyse convoquées. On pense à Condillac. L'atome ou élément d'opération sur les nombres est l'addition. La répartition des tâches n'est complètement efficace que sur la base de l'analyse ainsi poussée. L'intermédiaire entre Smith et Ure, entre le principe d'*adaptation* (ou d'appropriation) et le principe d'*égalisation*, ce pourrait donc être Babbage lecteur de Prony, Babbage réduisant les calculs à des opérations élémentaires dont le mécanisme se charge avec une efficacité impeccable. La calculatrice (mécanique) et le calcul mécanisé illustrent le processus du passage de la manufacture au machinisme de la grande industrie.

Le troisième bénéfice que Smith attribue à la division du travail, au nom du principe d'économie, est, on s'en souvient, qu'elle favorise l'invention des machines. Elle fixe en effet l'attention des travailleurs sur de tout petits segments ou des opérations singulières de la production. Les inventeurs de machines seraient les ouvriers débrouillards (et toujours un peu paresseux), comme le petit vaurien qui bricole une commande automatique du robinet d'alimentation du cylindre de la machine à vapeur de Newcomen pour aller jouer aux billes avec ses petits camarades. Toute autre est la tâche d'invention des machines dans la perspective ouverte par Babbage. Elle suppose une décomposition raisonnée de la chaîne des opérations, une analyse réductrice qui ne peut être que savante.

On découvre par là le rôle essentiel que la classe des hommes de science et de savoir, théoriciens purs et ingénieurs de haut niveau, vont assumer comme responsables et directeurs de cette nouvelle division du travail. Marx a tout à fait raison quand il remarque (I, XIV, iii, note, p.39) que Smith retarde, en imputant à l'ouvrier l'invention des machines qui révolutionnent alors l'industrie. Mais le même Marx a sans doute porté trop exclusivement son attention sur le chapitre 19 de l'*Economie des machines* (« Sur la division du travail »), au détriment du chapitre 20, quand il compare ainsi Ure et Babbage : « Le Dr Ure, dans son apothéose de la grande industrie, fait bien mieux ressortir les caractères particuliers de la manufacture que les économistes ses devanciers (…) et même que ses contemporains, par exemple Babbage, qui lui est beaucoup supérieur comme mathématicien et mécanicien, mais ne comprend cependant la grande industrie qu'au point de vue manufacturier ». Babbage fournit au contraire les moyens, en tant précisément que «mathématicien et mécanicien», de comprendre le rôle nouveau des hommes de science, de l'analyse du travail et du recours au machinisme. Le § 239, décrivant la machine à épingles inventée par un américain le confirme, par son contraste frappant avec la manufacture. Il est peut-être même exagérément restrictif d'avoir dit, comme nous l'avons fait plus haut, qu'il est «en avance d'*une* révolution», mais c'est une *autre* histoire.

Est-ce vraiment une autre histoire ? La réflexion sur la structure des opérations a des racines historiques dans le débat sur la *mathématique universelle* et la «vertu de la forme», qui oppose au XVIIe siècle Leibniz à Descartes. Dans la 10e *Règle pour la direction de l'esprit*, Descartes écrivait : «Certains s'étonneront peut-être que (...) nous laissions de côté tous les préceptes des dialecticiens, par lesquels ils prétendent gouverner la raison humaine, en lui prescrivant certaines *formes* d'argumentation qui concluent avec une telle nécessité que la raison qui s'y confie a beau se dispenser, se mettant en quelque sorte en vacances, de considérer d'une manière évidente et attentive l'inférence elle-même, elle peut aboutir tout de même à une conclusion certaine par *la seule vertu de la forme* ; c'est que nous nous sommes rendu compte que la vérité se glisse souvent hors de ces chaînes, pendant que ceux qui en font usage y restent empêtrés » [1].

Les « formes de raisonnement » ont au contraire en Leibniz un défenseur résolu. Diderot a dit joliment : « Leibniz est une machine à réflexion, comme le métier à bas est une machine à ourdissage ». Il ne se contente pas de réhabiliter le syllogisme et ce que Descartes nommait en se moquant « les machines de guerre des scolastiques » : « Il faut savoir que par les *arguments en forme,* je n'entends pas seulement cette manière scolastique d'argumenter dont on se sert dans les collèges, mais tout raisonnement qui conclut *par la force de la forme,* et où l'on n'a besoin de suppléer aucun article, de sorte qu'un *sorite*, un autre tissu de syllogisme qui évite la répétition, même un compte bien dressé, un calcul d'algèbre, une analyse des infinitésimales me seront à peu près des arguments en forme, parce que leur forme de raisonner a été prédémontrée, en sorte qu'on est sûr de ne s'y point tromper. Et peu s'en faut que les démonstrations d'Euclide ne soient des arguments en forme le plus souvent ; car quand il fait des enthymêmes en apparence, la proposition supprimée et qui semble manquer est suppléée par la citation à la marge où l'on donne le moyen de la trouver déjà démontrée ; ce qui donne un grand abrégé sans rien déroger à la force. Ces inversions, compositions et divisions des

1. Traduction J. Brunschwig, Garnier. C'est nous qui soulignons.

raisons dont il se sert ne sont que des espèces de formes d'arguments particulières et propres aux mathématiciens » [1]. La conclusion *vi formae*, c'est-à-dire en vertu de la forme, consiste à retenir le bénéfice des inférences déjà acquises ou des conquêtes antérieures de la raison. Le « prédémontré » devient, grâce à la transposition formaliste, un élément utilisable pour toute démonstration future. Son emploi concilie la *sécurité* et l'*économie*. Il abrège, et garantit. Une logique spéciale est ainsi requise, en géométrie, on l'a vu, mais également dans chaque activité pratique susceptible de formalisation des procédures méthodiques. Leibniz le dit aussi très clairement dans un passage des *Remarques sur la partie générale des Principes de Descartes*. « Il est très important que les conséquences déduites par l'esprit humain soient garanties par certaines règles en quelque sorte mathématiques (...) C'est pourquoi dans les sciences et les choses de la pratique, nous appliquons certaines formes logiques spéciales qui doivent avoir été préalablement démontrées par les règles générales et qui sont adaptées à la nature particulière de l'objet. Exactement ainsi procède Euclide : il a sa propre logique pour la conversion, la composition et la division des proportions, logique qu'il établit d'abord dans un livre spécial des *Eléments,* et qui est ensuite appliquée à toute la Géométrie. De cette façon, on tient compte en même

---

1. *Nouveaux Essais sur l'Entendement Humain*, IV, XVII, § 4. Souligné dans le texte.

temps de l'économie et de la sécurité de la pensée ; et plus une science possède de méthodes de ce genre, plus elle est avancée »[1]. Le progrès des sciences et des techniques de tous genres a pour index et pour garant l'élaboration de ces logiques spéciales qui permettent d'aller vite et sûrement au but. On trouve ici la très nette préfiguration de « l'avantage » que Smith attribue à la division du travail. Avantage dont le travail individuel et le travail collectif sont également bénéficiaires : travailler, c'est s'assurer les conditions du repos.

On ne peut s'empêcher d'évoquer ici la profonde remarque faite par Whitehead dans un article sur « L'importance d'une bonne notation » : « L'idée que l'on devrait cultiver l'habitude de penser à ce que l'on est en train de faire est un truisme profondément erroné (…) C'est précisément le contraire qui est vrai. La civilisation avance grâce à la croissance du nombre des opérations importantes que nous sommes capables d'effectuer sans y penser. Les opérations de la pensée sont comme des charges de cavalerie dans une bataille : elles sont strictement limitées en nombre, elles demandent des chevaux frais, et ne doivent être faites qu'aux moments décisifs »[2]. Whitehead nous aide à voir ce qui relie

1. Traduction française par P. Schrecker, *Opuscules Philosophiques choisis*, Vrin, 1962. Le latin disait : *«Ita simul et compendio et securitati consulitur »*.
2. A. N. Whitehead, *«The importance of good notation »*, in I. M. Copi et J. A. Gould (Ed.), *Readings on Logic*, New York, Mac Millan, 1964.

Leibniz et Babbage, faisant l'un et l'autre grand cas des symbolismes, et des méthodes de notation et de calcul autant que des machines. Un symbolisme adéquat est une aide pour le raisonnement, en ce qu'il permet de consacrer à celui-ci une attention minime, ou de le confier à des instances subalternes du psychisme. Ne s'agit-il pas déjà de mécaniser l'inférence ? Les instances supérieures sont ainsi délivrées des tâches fastidieuses et peuvent consacrer toute leur énergie à des activités dignes d'elles. Koyré, selon qui « les hommes ne pensent que lorsqu'ils n'ont pas moyen de faire autrement », ajoute à cela l'idée que ce partage avantageux des rôles est spontanément réalisé grâce au dynamisme de l'intelligence.

Les sciences cognitives, l'Intelligence Artificielle ont donné une extension considérable à des théories « computationnelles » de l'esprit. Des organigrammes du système cognitif ou de tel sous-système sont dressés, où le travail intentionnel intelligent est subdivisé en tâches ne requérant que des agents stupides, qui cette fois peuvent être, argumente Dennett, des *homunculi* parfaitement légitimes [1]. Ce qu'on reproche à l'*homunculus* est en effet de constituer un semblant d'explication, quand on lui prête des opérations ou des fonctions dont l'être humain dans son intégralité a le monopole : on l'accuse alors avec juste raison de réintroduire

1. Daniel C. Dennett, *Brainstorms*, The Harvester Press, Brighton, 1981, p.124.

subrepticement ce qui est à expliquer, la conscience, la représentation, le jugement [1]. Avec les *homunculi* qui reçoivent et traitent l'information (sensorielle, ou cérébrale) pour qu'en définitive l'individu total perçoive, agisse, veuille, interprète etc., on n'est plus passible du même reproche, car leur activité est elle-même le résultat de sous-activités dépourvues d'intentionalité et réductibles à des séquences d'opérations mécaniques.

Voici quelques phrases de Dennett, où l'on retrouvera avec quelque surprise une anthologie de thèmes familiers : « Les homoncules ne sont des épouvantails que s'ils constituent des répliques *intégrales* des talents qu'ils ont à charge d'expliquer (...). Si l'on peut obtenir une équipe ou un comité d'homoncules *relativement* ignorants, bornés et aveugles, c'est un progrès. Un organigramme est typiquement le schéma organisationnel d'un comité d'homoncules (enquêteurs, bibliothécaires, comptables, cadres); chaque case spécifie un homoncule en prescrivant une fonction *sans dire comment elle doit être accomplie* (on dit en effet : placer ici un petit homme pour faire le *job*). Si maintenant nous regardons de plus près chaque case, nous voyons que la fonction de chacune est accomplie par le moyen d'une subdivision *via* un autre organigramme, où

1. Voir Anthony Kenny, « *The Homunculus Fallacy* », dans *The Legacy of Wittgenstein*, Blackwell, Oxford, 1984. La littérature anglo-saxonne sur l'*homunculus* est abondante dès le début des années 60.

les homoncules sont encore plus petits et plus stupides. Il se peut que cette succession de poupées russes mène jusqu'à des homoncules si stupides (tout ce qu'ils ont à faire est de se rappeler s'ils doivent répondre « oui » ou « non » quand on les interroge) qu'ils peuvent, comme on dit, « être remplacés » par une machine. On *licencie* les homoncules imaginaires de son schéma en organisant de telles armées d'idiots pour faire le travail à leur place ». La question reste, de savoir si, l'entendement en général étant comme le dit Kant le « pouvoir des règles », « le pouvoir de *subsumer* sous des règles, c'est-à-dire de décider si une chose est ou n'est pas soumise à une règle donnée (*casus datae legis*) », autrement dit le jugement, pour lequel il n'est pas de précepte ou de règle [1], peut être par ce biais de la division du travail et sans tour de passe-passe, réduit à l'application d'un ensemble de règles. Le « problème de Hume », entendons celui de la nature du *moi* ou du *self*, comme rien d'autre qu'un faisceau d'idées et d'impressions en mouvement ou flux perpétuel [2], est ainsi transcrit par Dennett : « Une psychologie *sans* homoncules est impossible. Mais une psychologie *avec* homoncules est assujettie

---

1. Kant, *Critique de la raison pure*, Analytique des principes, introduction. (Traduction Trémesaygues et Pacaud).

2. Voir Hume, *Traité de la nature humaine*, I, IV, section 6, « De l'identité personnelle » et Appendice (fin). Dans la citation de Dennett, « psychologie » veut dire : science de l'esprit (*mind*).

à la circularité et à la régression à l'infini. Ainsi la psychologie est impossible » (p.122). A. Turing (1912-1954) et J. von Neumann (1903-1957) ont eu l'intuition précoce (et peut-être prématurée) que les progrès de la science des ordinateurs mettraient fin à cette régression à l'infini. Les modèles « computationnels » (c'est-à-dire formels, sans prétention naturaliste, à la différence des « modèles connexionnistes ») répondent néanmoins à l'ambition d'une psychologie cognitive non circulaire [1]. Du fait de la « modularité de l'esprit » [2], la question de l'intentionalité peut-elle être ramenée à un problème de division du travail ? La démystification de l'intelligence irait-elle jusque là ?

*
* *

Nous avons essayé de montrer par quelles voies on en est venu, au XVIIe et au XVIIIe siècle, à nommer la division du travail et à lui reconnaître des fonctions que la classique coopération des métiers ne laissait guère présager. Il est ainsi apparu, spécialement dans notre introduction, qu'elle concentrait les acquis de trois traditions au moins. Lors de la

1. Voir par exemple, Ray Jackendoff, *Consciousness and the Computational Mind*, MIT Press, 1987. Colin Blackmore & Susan Greenfield (Eds.), *Mindwaves, Thoughts on Intelligence, Identity & Consciousness*, Blackwell, Oxford, 1987.

2. C'est le titre d'un ouvrage célèbre de Jerry A. Fodor : *The Modularity of Mind : An Essay on Faculty Psychology*, MIT Press, 1983.

période de gloire de la division du travail, et de son fait, le travail accède au statut de réalité et de concept économique n°1 (producteur de surplus). Il devient aussi, parallèlement, une réalité technologique *brute*, celle du geste opératoire individualisé comme moment partiel d'un procès total, coupé de la conduite assumée de A jusqu'à Z par l'artisan, et en opposition avec ce qu'il était antérieurement, pour l'homme de métier, à savoir une aptitude acquise et incorporée, fortement valorisée. C'est là l'apport le plus substantiel de la période manufacturière. La manufacture peut être, « sans grand effort d'imagination », considérée comme une grande *machine dont les pièces sont des hommes*. C'est d'abord le travail humain, dans sa division manufacturière et son organisation distributive, qui est comparé à une vaste machine, avant même que la vaste machine de l'usine, ensemble de mécanismes surveillés par des hommes, puisse apparaître comme telle, sans métaphore cette fois. De l'une à l'autre, on passe par la division et la subdivision des tâches. Mais les mots gardent une part d'équivoque.

La fin de notre commentaire, prenant quelques pistes que nous semble ouvrir Ferguson, tente de le montrer, sur le point particulièrement sensible de la « dextérité ». La division du travail qui se parachève en mécanisation est une décomposition des tâches dont la manufacture ne donne pas la bonne image. Il est plaisant de constater que Babbage ait mieux compris cela dans le domaine du calcul mécanique que dans celui de la production industrielle, qui lui était également familier et dont il fut un investigateur scrupuleux. Il n'est tout de même pas aussi éloigné que Marx le laisse entendre, de saisir la transformation en question, par exemple lorsqu'il réexamine, après Smith, l'impact du travail divisé manufacturier sur l'invention d'outils et de machines, dans son chapitre 19. Il prend en effet ses distances. L'attention focalisée de l'ouvrier peut bien lui suggérer des perfectionnements de l'outil ou de son usage ; ces perfectionnements peuvent très souvent déboucher sur la réalisation d'un mécanisme automatique du type martinet, ou tour à chariot, imitant un geste répétitif ou continu de l'ouvrier de manufacture. Cependant, Babbage note que la véritable machine-outil, combinaison d'outils, demande davantage. C'est d'elle précisément qu'il s'agit dans l'âge industriel. « Quand chaque procès a été réduit à l'emploi d'un unique instrument simple, la réunion de tous ces instruments, mis en mouvement par une seule et même puissance motrice, constitue une machine. Pour inventer des outils ou simplifier les procédures, les ouvriers à l'ouvrage ont peut-être plus de chances de réussir ; mais il faut des qualités bien différentes pour combiner en une seule machine ces métiers si divers. Une éducation comme ouvrier dans un métier particulier est sans doute un préalable appréciable ; mais pour opérer une telle combinaison avec des espoirs raisonnables de succès, une connaissance étendue de la mécanique pratique, et l'aptitude au dessin industriel sont indispensables » (§ 225).

Nous avons choisi de ne considérer ici la division du travail que sous ses aspects théoriques intéressant la « philosophie morale », l'analyse des richesses, et l'économie des manufactures, au détriment du grand débat social qui inquiètera la première moitié du XIXe siècle, avec le positivisme et les socialismes. Nous ne tenons nullement ces prolongements pour insignifiants, et nous pensons même leur consacrer ultérieurement une étude. Mais il nous semble que le point de vue adopté ici laisse voir assez bien le jeu de son concept, et que l'attention portée aux expressions précoces du philosophème et à la généalogie de son usage permet de repérer le mouvement selon lequel la division en vient inéluctablement sinon à dissoudre, du moins à excentrer le travail.

Table des matières

Achevé d'imprimer en mars 1994
sur les presses de l'Imprimerie Bussière
à Saint-Amand (Cher)

— N° d'imprimeur : 618. —
Dépôt légal : mars 1994.
Imprimé en France